L'EXPOSITION UNIVERSELLE DE 1889

Cahier   *Appartenant à*

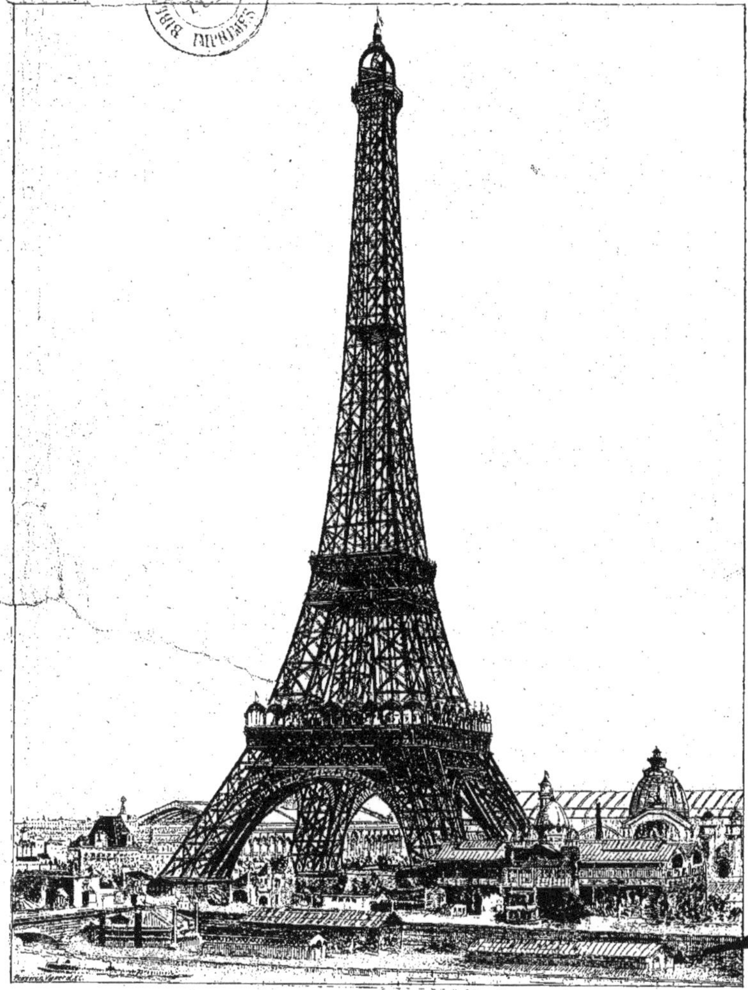

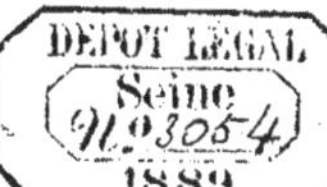

LA TOUR EIFFEL

DÉPOSÉ.

LES EXPOSITIONS

L'usage des Expositions d'industrie est relativement récent et ne remonte pas même à un siècle. La première eut lieu en 1798, sous le Directoire. On sortait alors de la Terreur et de la guerre ; partout les affaires reprenaient avec activité, le Gouvernement pensa que le moment était bien choisi pour remplacer les grands spectacles révolutionnaires et militaires par une fête plus pacifique. Une Exposition publique des produits français devait montrer quelles étaient les ressources du pays ; stimuler le zèle des industriels et des commerçants et encourager la Nation dans la lutte que l'on soutenait alors contre l'Angleterre, aussi bien au point de vue économique, qu'au point de vue politique. Le Ministre de l'Intérieur, François de Neufchateau organisa l'Exposition au Champ de Mars, dans un bâtiment entouré de portiques, sous lesquels les produits étaient disposés. Malheureusement, on s'y était pris un peu tard. 16 départements sur 88 concoururent seuls à cette solennité. Le nombre des exposants fut de 110. Parmi eux, étaient les fabricants Lenoir, Conti, Didot pour l'Imprimerie, Bréguet pour l'Horlogerie, etc. La fête dura pendant les cinq jours complémentaires ou sans-culottides qui terminaient alors l'année révolutionnaire.

Désormais, les Expositions se succédèrent à intervalles à peu près réguliers. Jusqu'en 1849, on en compte 11 nationales.

La 1re en 1798 comprenait	110 exposants	La 7e en 1827 comprenait ...	1.795 exposants
La 2e en 1801 —	220 —	La 8e en 1834 — ...	2.447 —
La 3e en 1802 —	540 —	La 9e en 1839 — ...	3.381 —
La 4e en 1806 —	1.422 —	La 10e en 1844 — ...	4.137 —
La 5e en 1819 —	1.662 —	La 11e en 1849 — ...	4.616 —
La 6e en 1823 —	1.648 —		

On voit ainsi que, sous le Consulat, il y en eut deux, coup sur coup, aux époques relativement calmes qui suivirent la bataille de Marengo. Sous l'Empire, il n'y en eut qu'une, après Austerlitz. Mais les guerres continuelles et le blocus continental ne permirent pas de renouveler cette tentative. Sous la Restauration, nous en comptons trois. Le nombre des exposants augmente, sauf en 1823, qui fut l'année de la guerre d'Espagne.

Après 1849, les Expositions furent universelles. Les principales furent :

Celle de Londres	en 1851	qui comptait...................	13.917 exposants
Celle de Paris	en 1855	—	23.954 —
Celle de Londres	en 1862	—	28.653 —
Celle de Paris	en 1867	—	50.226 —
Celle de Paris	en 1878	—	53.000 —

Et enfin :

L'Exposition de 1855	couvrait........................	116.000 mètres
— de 1867	—	163.000 —
— de 1878	—	289.000 —
— de 1889	—	291.000 —

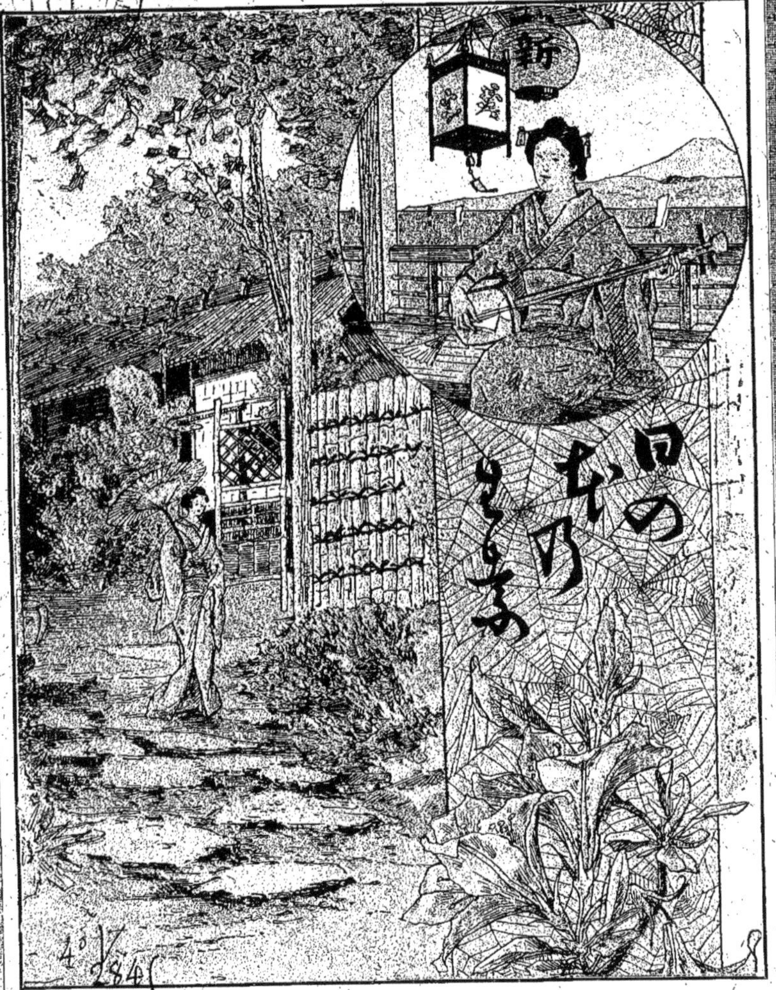

JARDIN JAPONAIS

LES SECTIONS ÉTRANGÈRES

LE JAPON

Depuis la révolution qui s'est accomplie en 1868, le Japon est parmi les Etats de l'Extrême-Orient celui qui est entré le plus rapidement dans la voie de la civilisation européenne. D'une superficie moindre que la France, puisqu'il n'a que 382,000 kilomètres carrés, il est relativement plus peuplé et possède 37 millions d'habitants très inégalement répartis d'ailleurs dans les 3,850 îles, îlots et rochers dont se compose l'Empire. En effet, les archipels du Nord voisins de la Sibérie, sont à peine habités, ceux du Sud appartiennent à la zone tropicale. Mais l'archipel du Japon, proprement dit, jouit d'un climat tempéré. C'est là que se trouvent les grandes villes, parmi lesquelles Tokio, la capitale, a 850,000 habitants. Tokio est presque aussi grande que Paris. La plupart de ses maisons sont bâties en bois de bambou et en papier, par crainte des tremblements de terre. Mais les incendies y sont terribles et les précautions les plus minutieuses sont prises pour les combattre instantanément. En 1870, 10,000 maisons brûlèrent en quelques heures.

Les rues sont d'une propreté excessive et sont remplies d'une foule bariolée, quoique aujourd'hui on commence à adopter le costume européen. Les voitures sont originales ; ce sont des Kango sorte de fauteuil suspendu que deux porteurs tiennent sur l'épaule ou encore des zinrikria ou poussé-pousse, petite voiture à deux roues traînée par un homme qui court pendant plusieurs kilomètres sans ressentir la fatigue. Une multitude de canaux couverts de gondoles de toutes sortes ajoute encore à l'aspect pittoresque de Tokio. Mais ce qui donne à la ville une physionomie toute particulière, ce sont les jardins et les parcs qui entourent ces palais et qui sont remplis des fleurs les plus brillantes et les plus parfumées, roses, camélias, azalées, orchidées, glycines et tant d'autres dont les noms bizarres n'ont point d'équivalent dans notre langue.

Le Japon fait un commerce de 400 millions de francs environ. Il exporte surtout la soie, le thé, le tabac, la cire végétale, le camphre, le cuivre et la houille. Il fabrique des meubles laqués, dont quelques-uns sont fort riches avec laques en or et en argent et incrustations d'ivoire, des porcelaines, des faïences et des bronzes d'une grande valeur artistique.

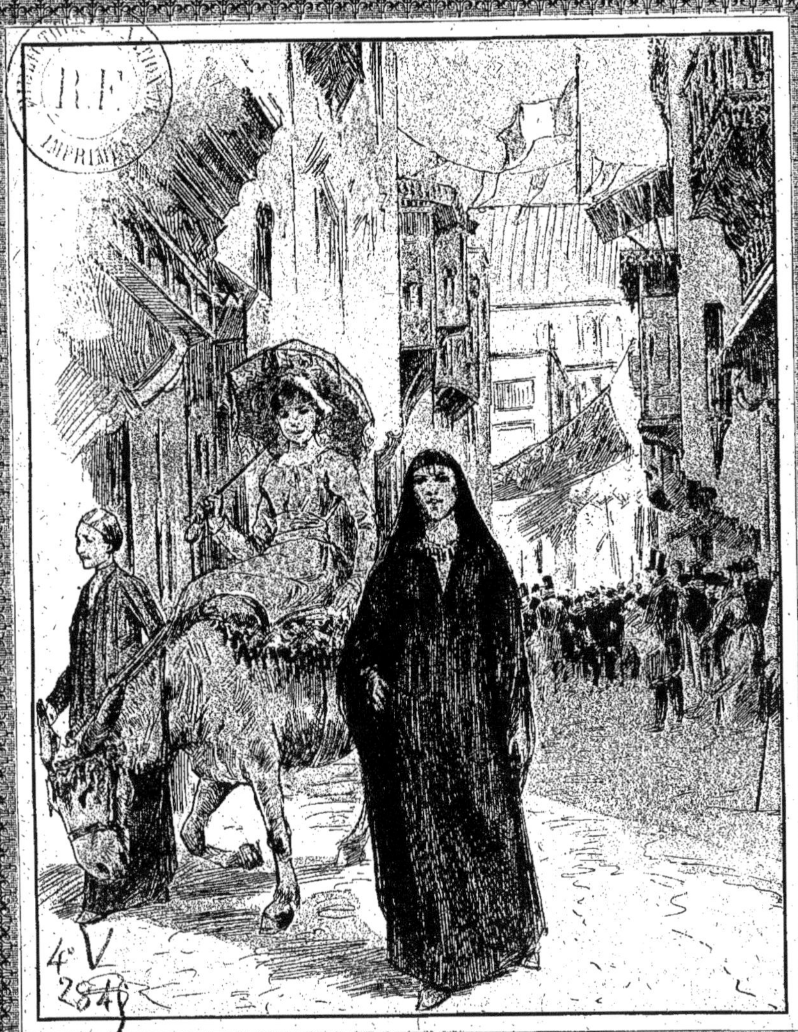

LES ANIERS DE LA RUE DU CAIRE

LES SECTIONS ÉTRANGÈRES

LES ANIERS DE LA RUE DU CAIRE

Une des curiosités de l'Exposition de 1889 est certainement la rue du Caire. Entre l'avenue de Suffren et le Palais des Arts Libéraux, soit qu'on arrive de la galerie des machines, soit qu'on débouche par les pavillons étrangers, on se trouve tout à coup transporté à plus de huit cents lieues de Paris, en pleine Egypte, en plein pays musulman. Il n'y a aucun effort d'imagination à faire. La rue est irrégulière et caillouteuse. A droite et à gauche s'élèvent les maisons arabes, avec leurs portes basses, leurs façades coloriées, leurs fenêtres étroites ornées de moucharabis qui forment saillie. Là, c'est une échoppe où un ouvrier indigène fabrique des babouches avec une dignité que la curiosité du public ne déconcerte pas. A côté est un café où l'on sert dans de petites tasses une liqueur brûlante, un peu bourbeuse, mais pleine de saveur. Voici le barbier, qui joue un rôle si important dans les pays musulmans où la figure et la tête sont également rasées. Sa boutique est toujours pleine. C'est un lieu de rendez-vous, et les conversations n'y chôment guère. Puis, ce sont les boutiques, étalant aux regards des passants toute la friperie orientale, les fez, les haïks, les burnous, les chapeaux kabyles, les narghilés, les armes damasquinées, les bijoux ciselés, les meubles incrustés, les tapis, les fruits, les oranges, la confiserie, sans parler des pastilles du sérail dont l'odeur ajoute encore à l'illusion du tableau.

Mais, c'est la rue elle-même qui est la plus intéressante. Elle grouille de monde. Des Arabes drapés dans leur burnous blanc, de gros marchands maures la tête coiffée du turban, des Juifs aux costumes perlés, des nègres riant à belles dents, vont et viennent au milieu de la cohue. Puis, soudain, un brouhaha, des cris, ce sont les âniers vêtus de leur longue blouse bleue qui courrent derrière leurs petits ânes gris en s'appuyant sur la croupe. Les ânes s'en vont galopant dans un nuage de poussière. Sur l'un se trouve une fillette rose un peu effrayée mais toute contente, sur l'autre un gros Anglais impassible et fier malgré les soubresauts ; ils vont ainsi jusqu'à la tour Eiffel, ou même jusqu'au haut du Trocadéro, et, toujours derrière eux, les âniers, pieds nus, excitant les montures du geste et de la voix et criant à la foule de s'écarter, dans une langue inintelligible.

Cahier d   Appartenant à

DÉPOT LÉGAL
Seine
n° 4139
1889

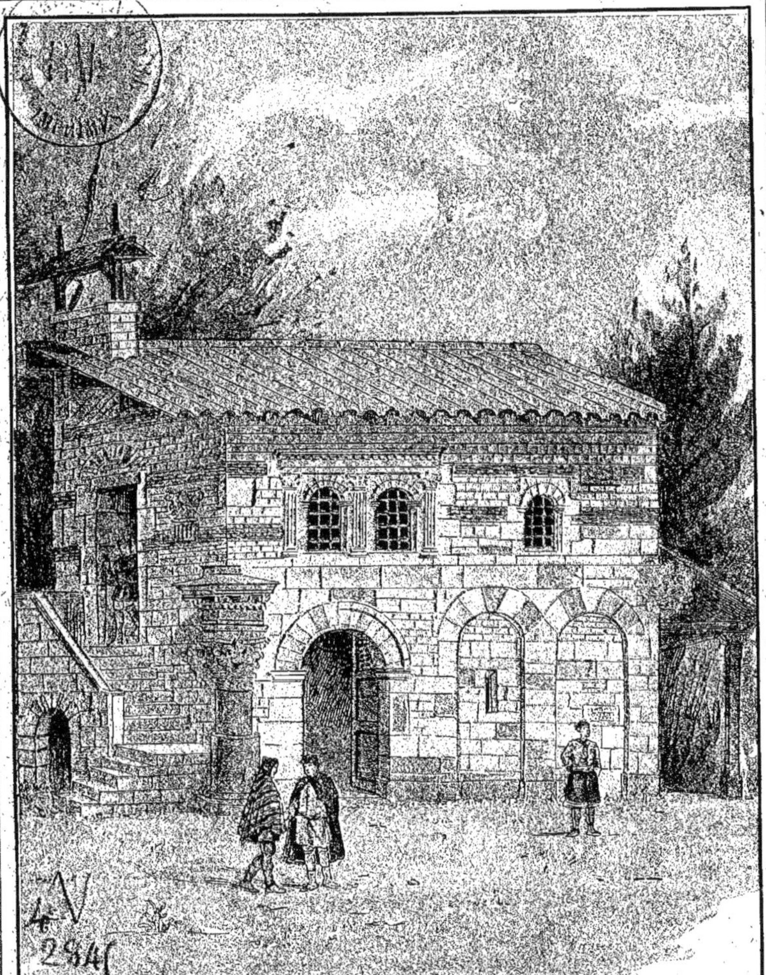

MAISON GALLO-ROMAINE

HISTOIRE DE L'HABITATION

LA MAISON GALLO-ROMAINE

Les Gaulois construisaient des cabanes rondes au moyen de piliers de bois dont les intervalles étaient remplis de terre battue. Les toits étaient en chaume et se terminaient en pointe. Ces demeures étaient grossières. Elles n'avaient que l'avantage d'être spacieuses et solides.

Après la conquête romaine, les Gaulois adoptèrent les mœurs et la civilisation des vainqueurs. Les forêts furent défrichées, les terres furent mises en culture et donnèrent en abondance le blé, le maïs, la vigne et l'olivier. La Gaule devint une des plus riches provinces de l'empire. Elle était sillonnée par des routes nombreuses qui partaient de Lyon et dont on retrouve les vestiges encore aujourd'hui dans le Berry et dans le Nord. De puissantes cités s'élevèrent telles que Narbonne, Aix, Nîmes, Lyon, Arles, Orange, Fréjus, etc. Les campagnes se couvrirent de villages, de fermes, et surtout de fastueuses villas où venaient se retirer, pendant une partie de l'année, les nobles gallo-romains. Cette prospérité dura cinq siècles. Elle disparut sous les invasions barbares.

Les peuples germaniques qui se pressaient le long du Rhin parvinrent enfin à franchir cette barrière; c'était les Suèves, les Allamans, les Burgondes, les Alains, les Vandales, auxquels se joignirent plus tard les Wisigoths et les Francs. Ils se répandirent à travers la Gaule, pillant ou détruisant tout sur leur passage.

Les propriétaires s'étaient enfuis, laissant leurs maisons à l'abandon; peu à peu cependant la nouvelle conquête se régularisa. Les Barbares s'établirent à la place des Gallo-Romains, et les paysans se reprirent à cultiver pour le compte de leurs nouveaux maîtres. Les habitations ruinées furent relevées. Mais comme en ce temps de violences on vivait sous le coup d'alertes continuelles, on ne s'occupa que du soin de se défendre et de faire des murailles solides. On entassa alors au hasard tous les matériaux qui tombaient sous la main, pieds de colonnes, débris de statues, frontons de temples, pierres tombales. Les murs furent épais, les fenêtres étroites, les portes basses, et la maison prit un aspect de forteresse. Il n'y eut pas à vrai dire d'architecture gallo-romaine et les constructions de ce temps marquent une période de transition entre l'antiquité romaine et le Moyen-Age.

IMP. ALF. GOUPIAUX, 10, RUE DE LA DOUANE. — PARIS

Cahier d

Appartenant à

MARCHAND DE BABOUCHES

LES SECTIONS ETRANGÈRES

LE MARCHAND DE BABOUCHES

On peut dire que la chaussure est un indice certain de la civilisation d'un peuple. Les sauvages vont pieds nus. Le Chinois, routinier et pacifique, porte des souliers disgracieux, carrés du bout, à semelles massives et qui semblent plutôt faits pour rester assis que pour marcher. Les Européens, à l'esprit hardi et raffiné, ont des bottines souples et solides, de formes variées et élégantes. Les Musulmans, à la fois barbares et civilisés, ont adopté la babouche que le pied quitte et reprend sans effort. La babouche est d'origine très ancienne. On la retrouve sur les monuments de l'Egypte et de la Perse. Sa forme a à peine varié jusqu'à nos jours. Elle est à semelles plates sans quartier ni talon, quelquefois pointue et légèrement recourbée en dessus, et plus ou moins chargée de broderies d'or et d'argent. On la fabrique en maroquin et même en soie. C'est une chaussure d'intérieur. A l'entrée des riches maisons et des mosquées, on en trouve toujours plusieurs paires que les visiteurs mettent par dessus leurs chaussures pour garantir les tapis de toutes souillures. Mais les pauvres, les vagabonds, les mendiants portent des babouches au dehors, et les traînent à leurs pieds jusqu'à ce qu'elles soient absolument usées. Ceux qu'on rencontre ainsi par les rues d'Alger, demandent l'aumône en invoquant le nom de leur patron Sidi-Abd-el-Kader-el-Djilali.

Abd-el-Kader est un des grands saints de l'Islamisme. Partout en Afrique on rencontre des mosquées et des chapelles qui lui sont dédiées. Ses miracles sont nombreux. En voici un que l'on raconte souvent :

Des marchands partis de Bagdad pour venir rendre hommage à Abd-el-Kader furent enlevés en route par des Arabes nomades. Leurs marchandises furent pillées et eux-mêmes emmenés captifs et soumis à de mauvais traitements. Dans leur infortune ils s'adressèrent au saint par la prière et le supplièrent de venir à leur secours. Abd-el-Kader les entendit. Bien qu'il fut à plus de six cents lieues de distance, à Alger, en train d'enseigner à ses disciples, il s'arrêta soudain dans sa harangue et prenant une de ses babouches, il la lança contre la muraille qu'elle traversa. Quelques instants après, il prit la seconde babouche qui disparut de la même façon. Au même moment, les chefs des brigands arabes les recevaient à la tête et tombaient morts du coup. Leurs compagnons comprirent aussitôt qu'une protection miraculeuse s'étendait sur les marchands. Ils les rendirent à la liberté, les conduisirent même sains et saufs jusqu'auprès du grand saint qu'ils glorifièrent.

Aussi, Abd-el-Kader-el-Djilali est-il le patron des marchands, des voyageurs et des mendiants ou traîneurs de babouches.

COCHINCHINOIS

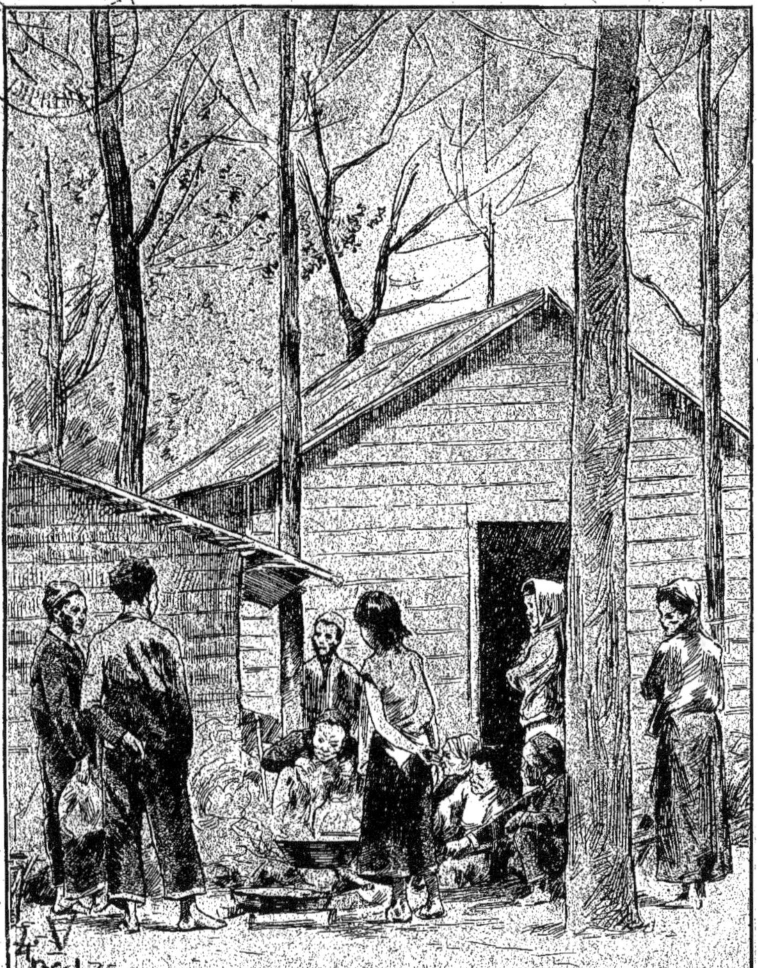

LES COLONIES FRANÇAISES

LA COCHINCHINE

L'Empire colonial français est aujourd'hui l'un des plus vastes et des plus importants du globe. Il n'est dépassé que par celui de l'Angleterre. Aussi l'Exposition coloniale a-t-elle été établie sur un emplacement séparé, à l'Esplanade des Invalides, dont on lui a réservé tout un côté. Auprès des palais et pavillons où s'entassent les produits les plus variés, s'élèvent des tentes, des cases, des villages même où se sont installés des représentants de nos populations d'outre-mer, des Kabyles, des Sénégalais, des noirs du Congo, des Annamites.

L'Indo-Chine française comprend les pays de protectorat, Annam et Cambodge, et les possessions immédiates, Cochinchine et Tonkin. C'est un territoire de 250,000 kilomètres carrés, soit environ la moitié de la France, avec une population de 24 à 25 millions d'habitants. Le climat est malsain à cause de sa chaleur humide et détermine des maladies redoutables : l'anémie, les fièvres, la dyssenterie, le choléra. Les Européens n'y peuvent faire un long séjour, et les troupes n'y restent que deux ans au plus. Mais la végétation est admirable. Les forêts sont nombreuses et remplies d'essences précieuses, bois de teck, de fer, bois d'aigle, arbre à vernis, bambou, cannelle, caoutchouc, vanille, muscadier; on cultive le riz, la canne à sucre, le coton, le bétel, le tabac, le mûrier, les aréquiers.

La population se compose de deux races principales : les Annamites, qui se rapprochent davantage des Chinois et les Cambodgiens ou Kmers, dont la figure est plus allongée. Les Cochinchinois ne forment pas un groupe à part et sont un mélange des uns et des autres. Ils sont de taille moyenne, le teint jaune sale, le front bas, les yeux obliques, le nez écrasé et les dents noires par l'usage du bétel. Leur vêtement est des plus simples et se compose d'une jupe et d'une tunique de soie pour les riches, de coton pour les pauvres. Sur la tête un chapeau pointu en forme d'abat-jour pour s'abriter des rayons du soleil. Ce costume se complète par la pipe ou la cigarette à la bouche et le parapluie à la main. Ils sont apathiques et indolents, passent leur journée à fumer l'opium ou à mâcher le bétel. Mais surtout ils sont joueurs.

C'est en 1862 que la France se fit céder par l'Empire d'Annam la Cochinchine orientale, et en 1867 la Cochinchine occidentale. La population est de un million cinq cent mille habitants environ, dont 1800 Européens. La capitale Saïgon est une belle ville de 70,000 âmes. Le commerce est de plus de cent millions.

IMP. ALF. GODCHAUX, 10, RUE DE LA DOUANE. — PARIS

Cahier d   Appartenant à

DÉPÔT LÉGAL
Seine
1889

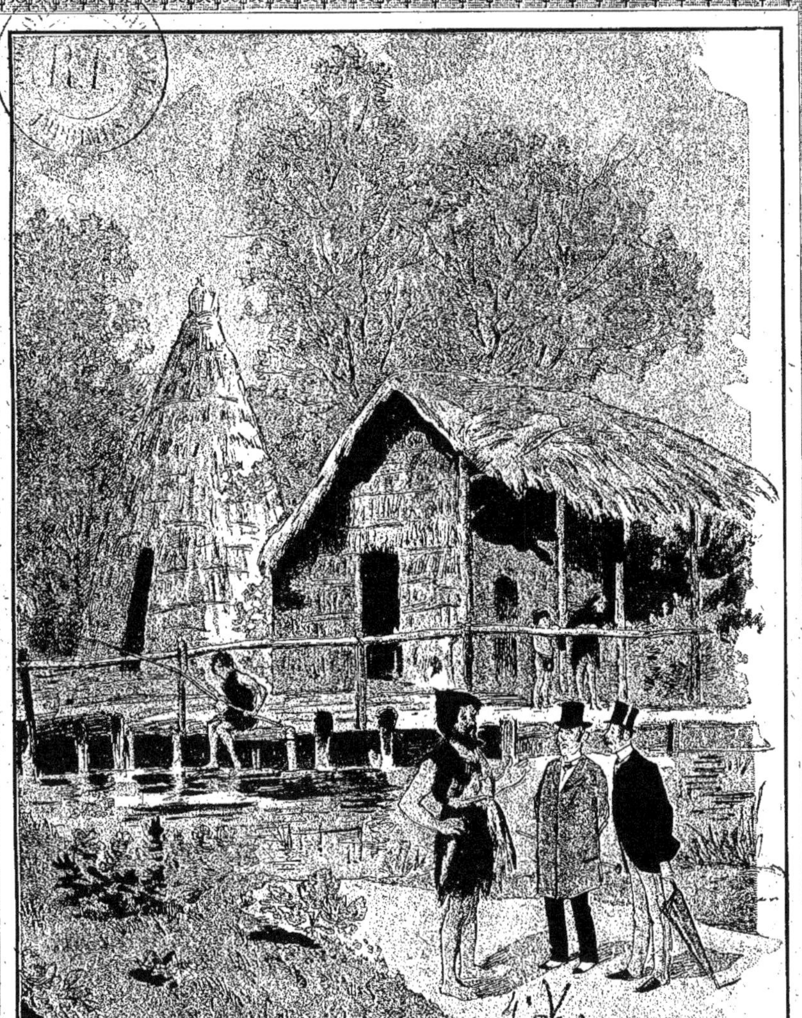

COLLECTION GODCHAUX   HABITATION LACUSTRE

HISTOIRE DE L'HABITATION

L'AGE DE PIERRE

Les Cavernes. — Les Villages lacustres.

Une des curiosités de l'Exposition de 1889 est l'histoire de l'habitation humaine, imaginée par M. Charles Garnier, l'architecte du grand Opéra.

Au pied de la tour Eiffel, et se prolongeant le long du quai, s'élèvent une série de constructions reproduisant tous les types de maisons, depuis les plus primitives jusqu'aux plus exotiques et aux plus récentes.

C'est d'abord l'habitation ancienne, celle des Romains, des Grecs, des Perses, des Egyptiens et des Assyriens. On a même remonté plus loin, c'est-à-dire jusqu'aux époques préhistoriques. L'homme vit alors isolé, ou par petits groupes de famille ou de tribu. Il n'a d'autre préoccupation que celle de satisfaire ses besoins matériels, de se garantir contre les intempéries des saisons, et de se défendre contre les animaux sauvages et contre ses semblables.

Il trouve d'abord le refuge que la nature lui fournit, c'est-à-dire dans les montagnes, les grottes et les cavernes, dont il ferme l'entrée avec des blocs de rochers ou des palissades en bois; puis au milieu des lacs et des rivières, il imagine de bâtir des villages lacustres, cabanes grossières, élevées sur pilotis, et qui le mettent ainsi à l'abri de tout danger. Les uns vivent de chasse, les autres de pêche. Leurs instruments sont grossiers. Ce sont des pierres de fronde, des cailloux durs emmanchés d'un morceau de bois et formant massue, des pointes de flèches ou de lance, et des haches en silex. Cette période s'appelle l'âge de pierre.

On a retrouvé un assez grand nombre de ces armes dans la plupart des montagnes de l'Europe, surtout dans les Pyrénées et dans les Alpes de Scandinavie. En Egypte, les grottes habitées étaient également fort nombreuses. Les habitants des cavernes, sont désignés sous le nom de troglodytes.

Les vestiges des cités lacustres ont été découverts en Irlande, et plus récemment en 1853 en Suisse. La tourbe des lacs contenait également de nombreux spécimens de l'âge de pierre.

Les populations primitives du centre de l'Afrique, et les indigènes de l'Amérique ont encore recours aujourd'hui aux habitations lacustres et aux cavernes pour se défendre contre les ennemis de toute sorte qui les menacent.

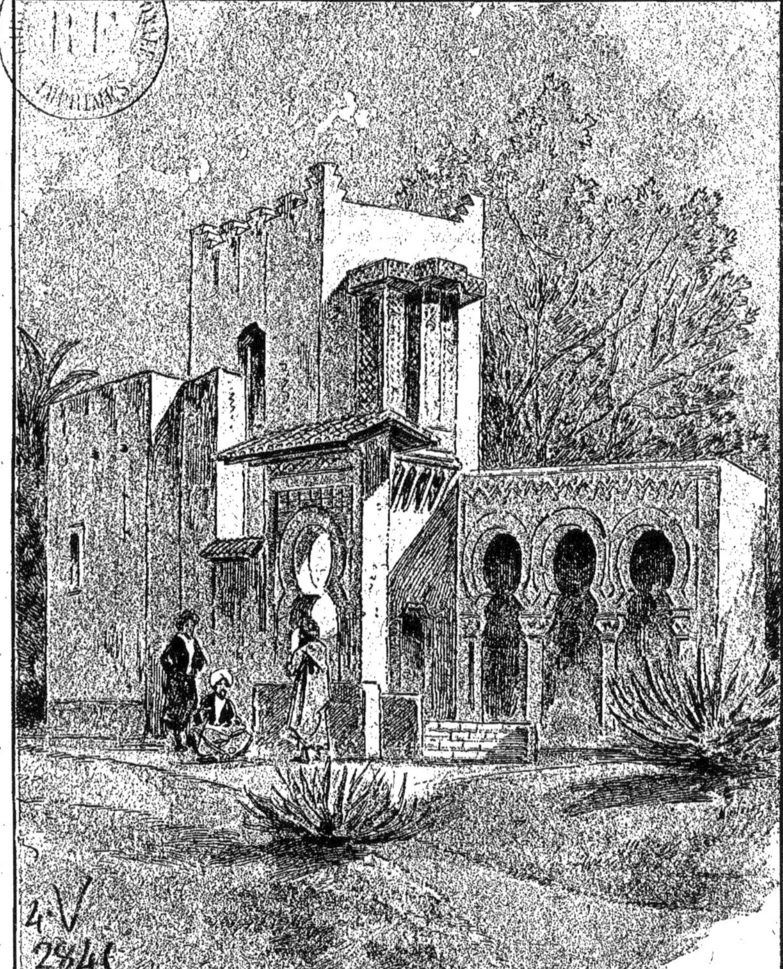

COLLECTION GODCHAUX   MAISON ARABE   D. POSE

HISTOIRE DE L'HABITATION

LA MAISON ARABE

Il n'y a pas à proprement parler de maison arabe. Les Arabes sont des nomades, qui vivent sous la tente. Ceux qui se sont groupés en villages n'ont que des maisons grossières et sans caractère. Mais les Arabes ont fondé au Moyen-Age un grand Empire sur les ruines de l'Empire romain et ont imposé aux peuples vaincus et déjà civilisés leur religion, leur langue et leurs mœurs. Les habitations se sont modifiées sous l'influence de l'Islamisme, tout en gardant un cachet national. On eut alors des maisons musulmanes dont le type varia suivant les pays. En Perse, la richesse d'ornementation fut poussée à l'extrême. En Occident, on affecta plus de simplicité.

En général, la maison arabe offre peu d'ouvertures sur la rue. La porte est dissimulée sous un vestibule ; les fenêtres sont cachées par des moucharabis, sorte de treillis de bois épais, derrière lesquels on peut voir sans être vu. La façade ne forme point de saillies. Elle est plate et ornée dans les maisons riches de mosaïques de verre émaillé, de faïences de couleur. Les pauvres se contentent d'un badigeon blanc ou bleu. Les chambres donnent à l'intérieur sur un petit jardin, plus souvent sur une cour sablée ou dallée de marbre avec une fontaine au milieu pour entretenir un peu de fraîcheur. Parfois, un velum garantit encore la cour contre les ardeurs du soleil. Au rez-de-chaussée est un portique ; au premier étage un balcon circulaire. Cette disposition permet de trouver de l'ombre à toute heure du jour. C'est là que les habitants du logis se tiennent le plus volontiers, couchés sur des tapis, fumant des cigarettes et buvant le café, tandis que les serviteurs, en général nombreux, mais peu chargés de besogne, dorment au rez-de-chaussée ou vaquent lentement aux soins du ménage. L'ameublement des chambres est des plus simples : des nattes ou des tapis, quelques glaces, des divans servant de siège le jour et de lit la nuit ; enfin, de grands coffres renferment les vêtements et les bijoux des femmes.

Au sommet de la maison est une terrasse où l'on va respirer l'air frais du soir et passer quelquefois la nuit quand la chaleur est trop forte dans les appartements. Aussi, dans les villes arabes, dès que le soleil est couché, toutes les terrasses s'emplissent de bruit et de mouvement. Les femmes ne craignant plus d'être vues ôtent leur voile, les enfants jouent librement et, jusqu'à une heure avancée de la nuit, ce ne sont que des rires, des chants, des éclats de voix et des accords lointains de flûtes et de guitares.

IMP. ALP. GOUCHAUX, 10, RUE DE LA DOUANE. — PARIS

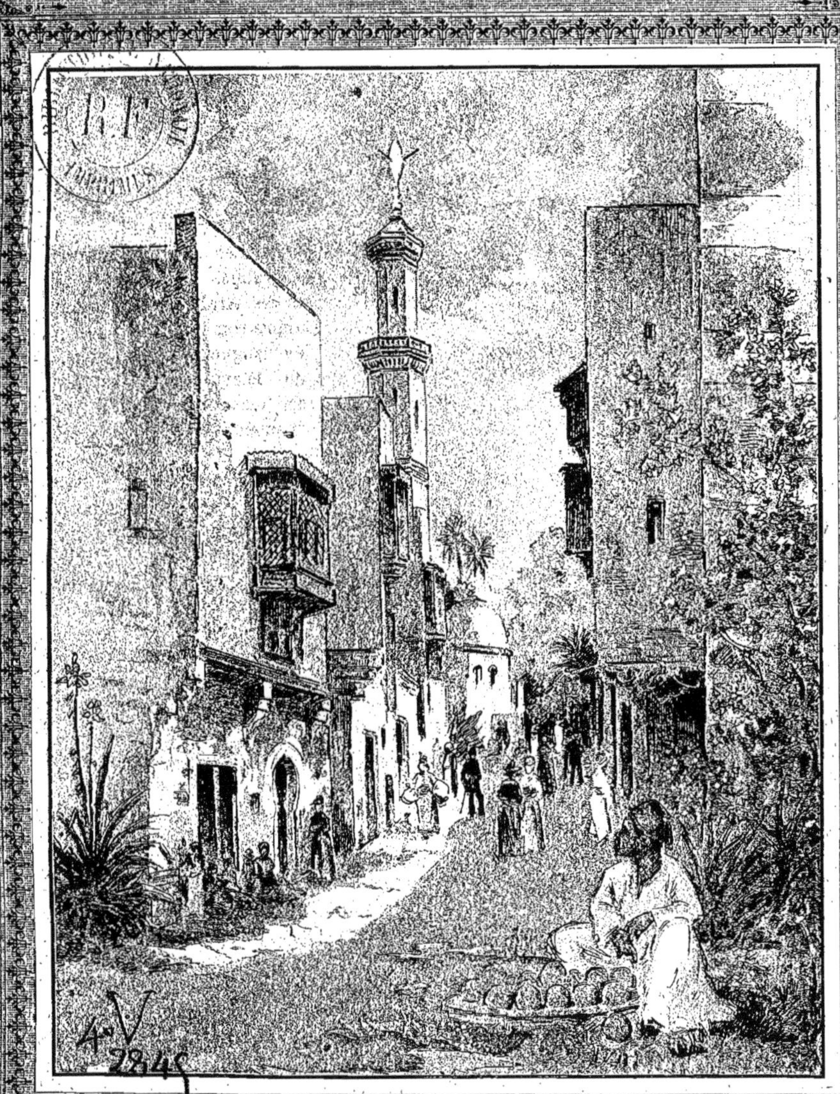

COLLECTION GODCHAUX   L'ÉGYPTE   DÉPOSÉ

LES SECTIONS ÉTRANGÈRES

L'EGYPTE

Les pays étrangers qui figurent à l'Exposition se sont groupés, comme en 1878, dans une partie du palais principal. Quelques-uns, particulièrement les Etats de l'Amérique du Sud, ont préféré avoir des pavillons, dont quelques-uns sont d'ailleurs de véritables merveilles d'architecture.

L'Egypte a eu une idée plus originale. Elle a préféré transporter en plein Champ de Mars la vie égyptienne elle-même, et montrer la physionomie d'une rue du Caire avec sa population indigène, ses bazars et ses boutiques. C'est d'ailleurs à un Français, M. Delort de Gléon, que revient l'honneur de cette idée et de son exécution.

La rue du Caire est la reproduction de quelques parties de mosquées et de vingt-cinq maisons prises parmi les plus curieuses de la ville. Les ornements qui les décorent, faïences, sphinx, crocodiles, moucharabis ont été apportés d'Egypte même. La population est authentique, depuis les âniers qui promènent leurs petits ânes gris à travers l'Exposition, jusqu'aux ouvriers qui travaillent sous les yeux du public, jusqu'aux marchands qui offrent aux passants les produits de l'industrie indigène.

Ajoutons qu'un muezzin, c'est-à-dire un prêtre, les a accompagnés, et le soir, du haut de l'un des minarets voisins, convie les fidèles à la prière.

L'Egypte est grande comme deux fois la France, mais elle n'a guère que sept millions d'habitants. D'ailleurs, son immense territoire se compose surtout de déserts parcourus par des nomades. Mais elle est traversée par le Nil dont les rives sont d'une admirable fertilité. C'est là que la population s'est groupée, ainsi que dans le delta. Elle cultive le coton, les céréales et les fruits. Tous les ans, au mois de juin, le Nil commence à grossir, à cause des pluies qui sont tombées dans la région équatoriale; il déborde et couvre les terres d'un limon précieux. Tout un système de canaux permet à l'inondation de se répandre aussi loin que possible. L'Egypte est surtout un pays agricole; par contre l'industrie y est assez arriérée. Les procédés de fabrication sont en général restés assez primitifs. On peut s'en convaincre en visitant la rue du Caire. Les bazars ne renferment rien de bien intéressant. Ce sont des soieries, des armes, des narghilés, des bijoux communs, des poteries, des meubles incrustés. Il faut cependant signaler, dans une boutique, une belle collection de tapis orientaux.

Le commerce de l'Egypte s'élève à cinq cents millions de francs. Elle exporte le coton pour deux cents millions, les céréales et les fruits pour soixante millions. Elle achète surtout des tissus et des machines.

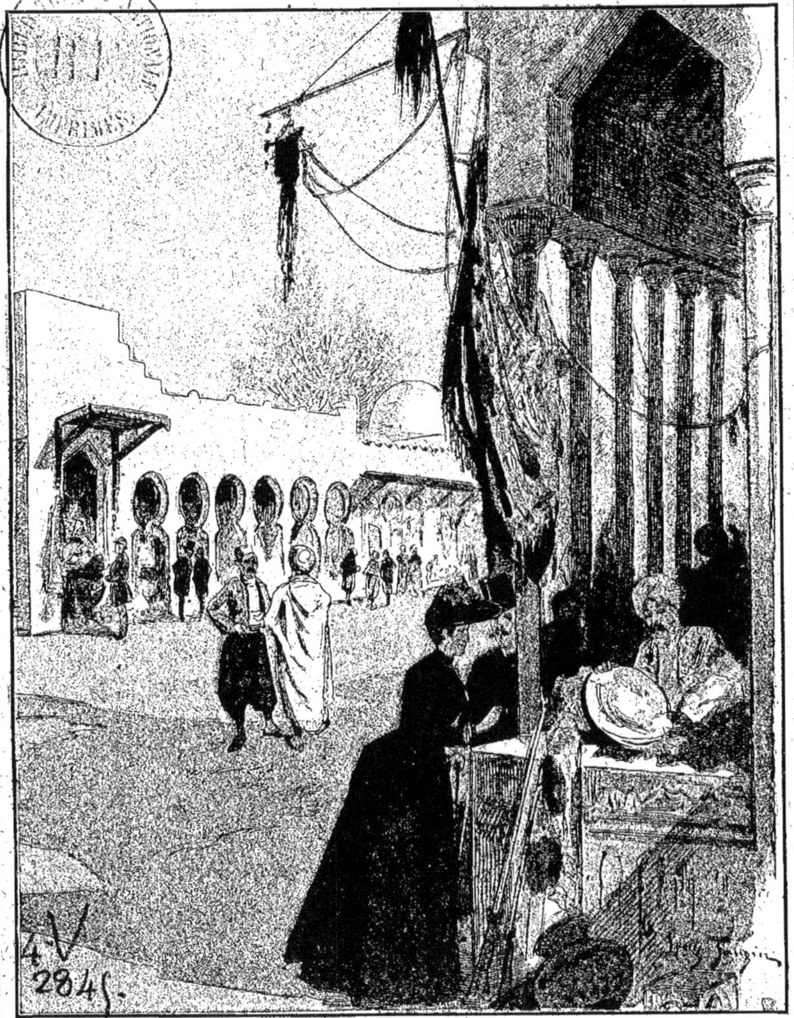

LE MAROC

LES SECTIONS ÉTRANGÈRES

LE MAROC

Le Maroc est situé à l'angle Nord-Ouest de l'Afrique. Son climat est salubre et tempéré, le ciel est pur. Sur les côtes, la chaleur est assez forte, mais les montagnes sont couvertes de neige et l'hiver y est parfois rude. Les rivières sont peu abondantes et fort irrégulières. Les principales sont la Mulouya, le Sébou, l'oued Tensift. Elles sont souvent desséchées pendant l'été. Le sol est fertile. Il est arrosé au moyen de puits à roues et de petits canaux d'irrigation. Bien cultivé, il peut produire jusqu'à trois récoltes par an. Mais le paysan marocain travaille peu. Les principaux produits sont les céréales, les légumes, le lin, le chanvre, la vigne, l'olivier, le figuier, le tabac, le coton. Le bétail est abondant. Les animaux sauvages sont encore nombreux. Ce sont la panthère, la hyène, le chacal, l'autruche, la gazelle, la vipère à cornes, le serpent noir, le scorpion. Les sauterelles sont un des fléaux du pays.

L'industrie est peu développée, mais elle a conservé un caractère local. Ce sont les armes, les tissus, les tapis, les cuirs, les broderies, les vêtements, la bijouterie, surtout les faïences vernissées. A Fez, on fabrique les bonnets de laine rouge dits fez, les maroquins, les haïks. A Mogador, 400 tanneries emploient près de 6,000 ouvriers.

Le commerce ne s'élève guère qu'à une cinquantaine de millions. Il se fait surtout avec l'Angleterre et avec la France. Mais il est entravé par des droits de douane fort élevés dont la perception est à la merci des fonctionnaires indigènes. En outre, il est interdit d'exporter certains produits du pays tels que le blé, l'orge, les chevaux.

La population se compose de Berbères, descendants des populations primitives, d'Arabes qui sont nomades et pasteurs. Les uns et les autres sont de mœurs belliqueuses et peu soumis au Sultan. La perception des impôts ne se fait chez eux qu'à main armée et est chaque fois l'occasion d'une expédition militaire accompagnée de pillages ou de razzias. Les habitants des villes sont les Maures, et les Juifs gens plus pacifiques qui ont en mains le commerce et l'industrie. L'esclavage subsiste au Maroc comme dans tous les pays musulmans.

Le Maroc est un pays encore fermé aux Européens. Le Sultan n'autorise le séjour des étrangers que dans certaines villes du littoral, à Tanger, notamment. Mais il leur est interdit d'avoir des propriétés et de pénétrer dans les villes de l'intérieur. Le souverain actuel, Muley-Hassan, a cependant consenti à admettre dans ses États des ministres plénipotentiaires, mais ils résident à Tanger, à Mogador ou à Tétouan.

Le Maroc est représenté à l'Exposition par des pavillons qui font suite à la rue du Caire. On y remarque une sorte de caravansérail et un palais à coupole destiné au Sultan.

Cahier d ....   Appartenant à ....

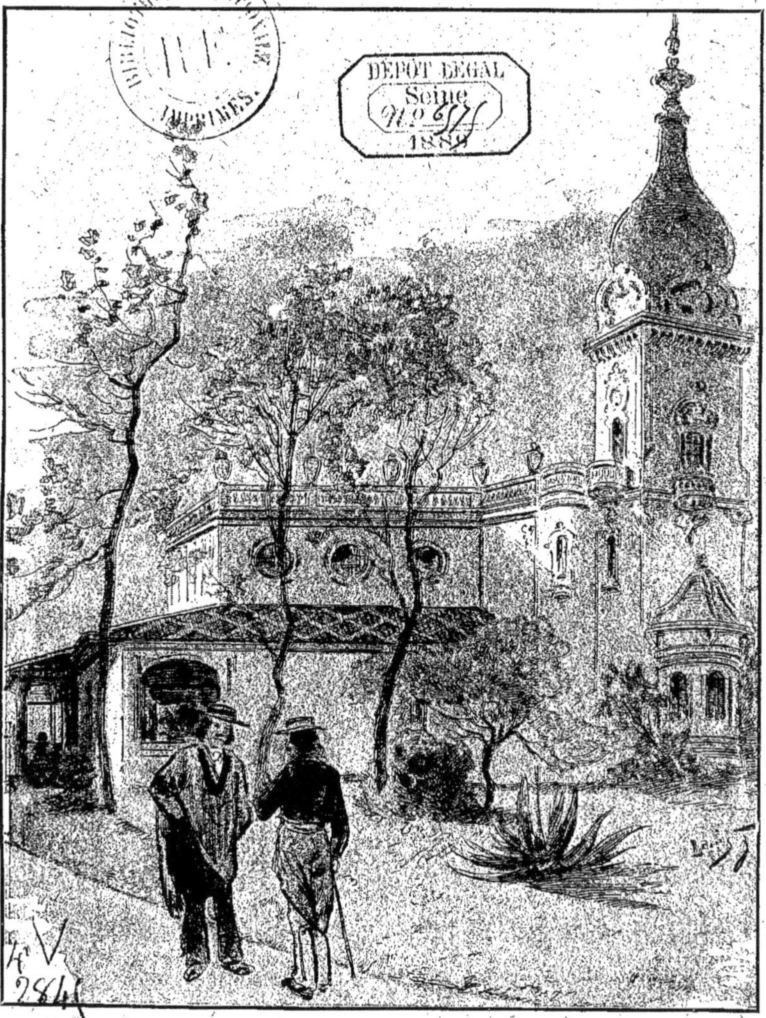

LE VÉNÉZUELA

LES SECTIONS ÉTRANGÈRES

LE VÉNÉZUELA

Les Républiques de l'Amérique du Sud ont tenu à honneur de figurer à l'Exposition de 1889, et la plupart ont fait construire des pavillons, et même de véritables palais, dans lesquels les produits du pays ont été rassemblés de la façon la plus ingénieuse et la plus élégante.

Tels sont la République Argentine, la Bolivie, le Paraguay, l'Uruguay, le Chili et le Vénézuela.

Le Vénézuela est situé dans la zone torride, entre le Brésil, la Guyane anglaise et la Colombie. Les côtes ont un développement de 3,000 kilomètres. On y trouve les ports de Coro, Puerto-Cabello et la Guayra. L'intérieur du pays se compose de plaines, de plateaux et de montagnes. Les plaines sont bien arrosées, car on compte plus de mille cours d'eau au Vénézuela ; le principal est l'Orénoque. Les plateaux forment la région des Llanos, immenses prairies où l'herbe est haute de deux à trois mètres, et dans lesquelles errent en liberté des bestiaux à demi-sauvages, gardés par des bergers à cheval, presque aussi sauvages qu'eux. Quand vient l'été, l'herbe se dessèche, et la savane poudreuse remplace la prairie. On ne trouve plus, ça et là, que des flaques d'eau marécageuses dans lesquelles grouillent des crocodiles et des serpents. Puis, arrive la saison des pluies, en mai et juin, les rivières se gonflent et débordent, le pays tout entier est sous l'eau et les llaneros se réfugient dans des cabanes juchées sur de hautes perches, dans lesquelles ils attendent que l'inondation ait cessé.

Les montagnes sont couvertes d'essences de bois précieux, où l'on trouve encore le caoutchouc, la vanille, le quinquina, les palmiers. On y exploite aussi les mines d'or, d'argent, de cuivre, de fer et de houille, et des carrières de marbres très beaux, si l'on en juge par les échantillons qui figurent à l'Exposition.

Le Vénézuela est surtout un pays agricole et produit le blé, le maïs, l'igname, le café, le tabac, le coton, la canne à sucre, le cacao, l'indigo. Son commerce s'élève à environ cent trente millions de francs, dont quatre-vingts millions à l'exportation. Les principaux produits exportés sont les métaux précieux, pour vingt-huit millions de francs, le café pour trente-cinq millions, le cacao pour huit millions, les cuirs et peaux pour six millions.

La capitale est Caracas, ville de 70,000 habitants, bâtie à 2,632 mètres d'altitude. Elle est reliée au port de Guayra par un chemin de fer à courbes très hardies, d'une longueur de 38 kilomètres.

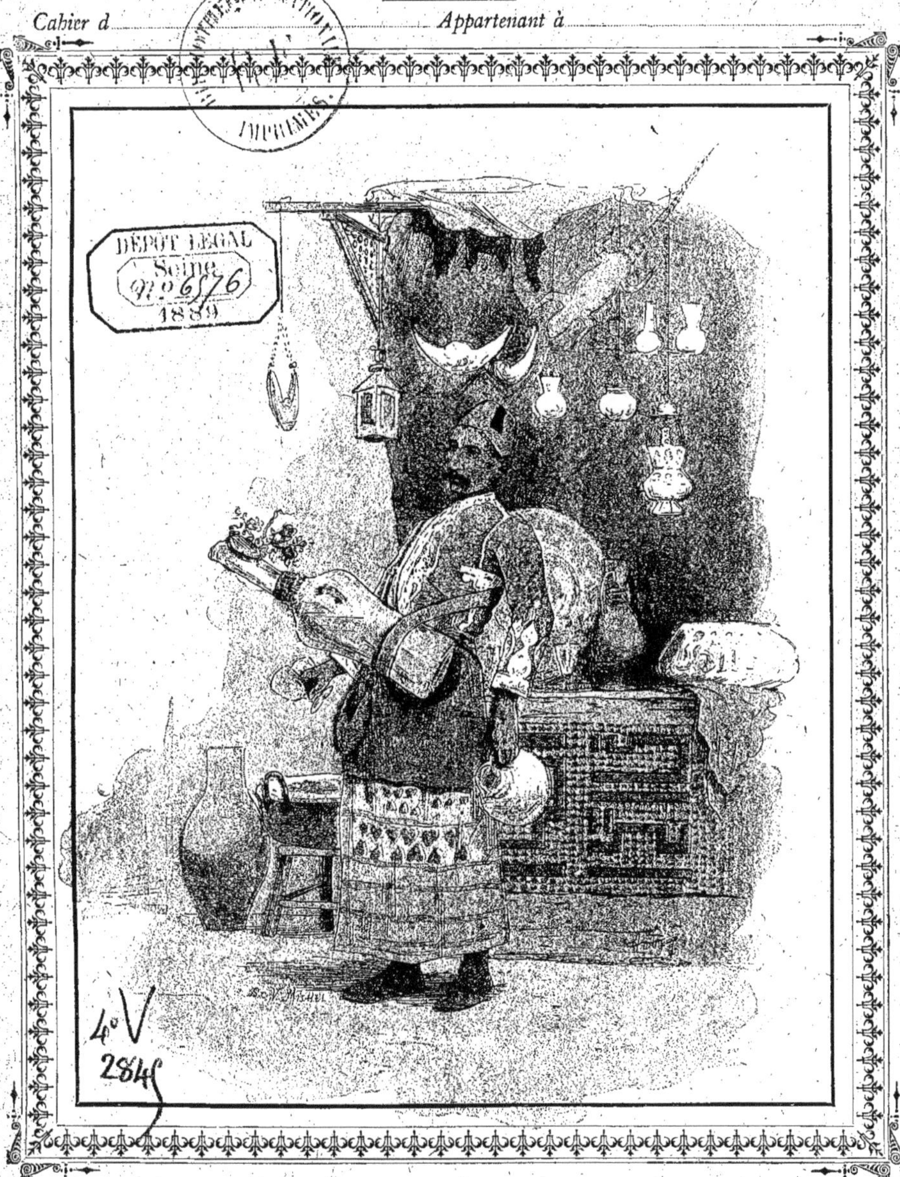

LE MARCHAND DE LIMONADE

LES SECTIONS ÉTRANGÈRES

LE MARCHAND DE LIMONADE

Parmi les pays orientaux, c'est l'Egypte qui a l'Exposition la plus personnelle et la plus originale, et la rue du Caire, dont nous avons déjà parlé, d'autre part, est un des endroits du Champ de Mars que le public ne se lasse pas de visiter. Il faut dire aussi qu'elle est réellement attrayante. — D'un côté sont les bazars où l'on ne vend que des produits absolument égyptiens, surtout des bijoux dont le prix est accessible à toutes les bourses, de l'autre des cafés où l'on exécute des concerts de musique sauvage, tandis que les almées blanches ou noires vous donnent une idée des danses de leur pays. — Dans une boutique on vend des cigarettes du Khédive, faites d'un tabac blond très parfumé ; dans une autre on expose une vue du temple d'Edfou, un des monuments anciens les plus remarquables de la haute Egypte, et que des centaines de touristes vont visiter tous les ans, en remontant le Nil, grâce aux facilités que leur offre un agence anglaise. Puis vient l'écurie des ânes, dont la porte est toujours assiégée par de nombreux curieux qui attendent la sortie ou la rentrée des amateurs qui se sont laissé tenter par l'appât d'une petite cavalcade à travers l'Exposition. — On se presse, on se bouscule, on s'injurie et l'on s'excuse dans toutes les langues: en Français, en Arabe, en Espagnol, en Roumain, en Russe, en Anglais. Des groupes se forment à chaque instant, ici c'est pour voir passer un grand nègre qui marche en se dandinant, tout glorieux de l'effet qu'il produit, là pour voir le calligraphe qui, assis devant sa petite table, avec un pot de bleu et des plumes en roseau, vous écrit votre nom en Arabe, moyennant dix centimes.

A travers cette foule circule le marchand de limonade, superbement vêtu — mais il n'y faut pas regarder de trop près, car son luxe a plus d'éclat que de solidité. C'est le marchand de coco du Levant ; mais au lieu de porter sa fontaine sur le dos, il la porte sur le ventre à l'aide d'une petite courroie. D'une main il tient un gargoulette de grès avec de l'eau fraîche, de l'autre deux verres pour les clients. A sa ceinture est suspendue une babouche qui lui sert de poche et dans laquelle il met sa monnaie. Quant à la boisson qu'il débite, c'est une mixture composée de beaucoup d'eau et d'un peu de sucre, de menthe, de citron, avec des morceaux de glace. Au fur et à mesure que le réservoir se vide, on le remplit avec de l'eau. La limonade finit par ne plus sentir grand chose, mais elle est toujours fraîche, et le public s'aperçoit qu'en Egypte comme à Paris, les procédés sont toujours les mêmes.

IMP. ALP. GODCHAUX, 10, RUE DE LA DOUANE. — PARIS.

Appartenant à

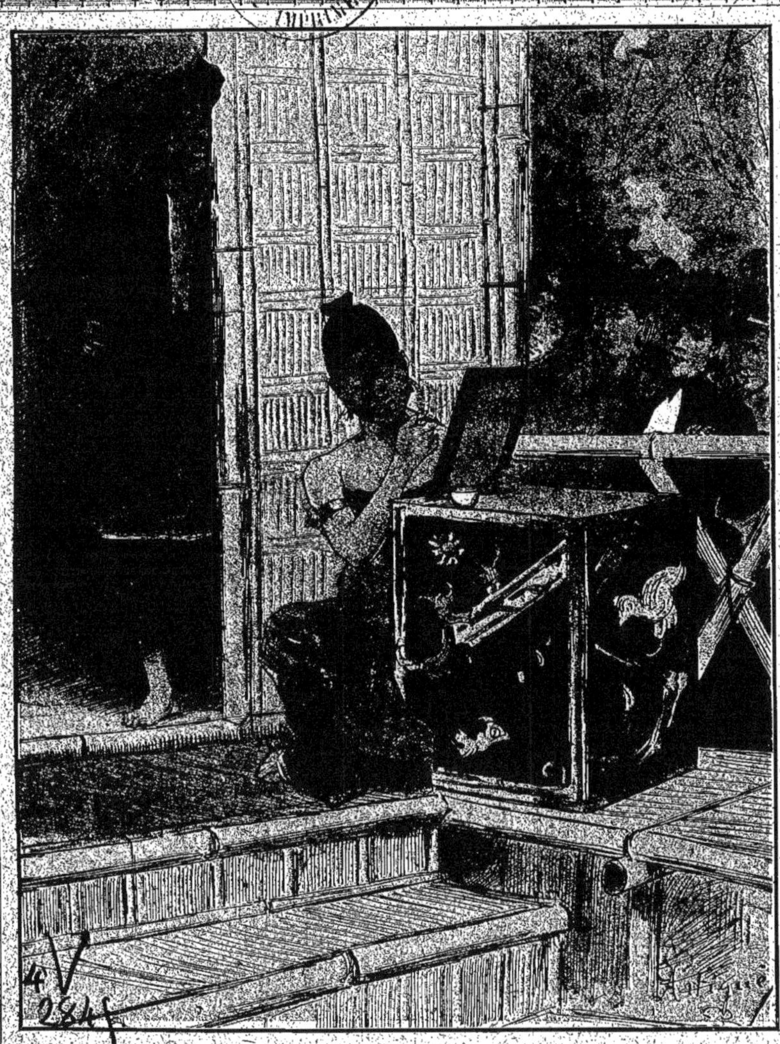

LES JAVANAIS

LES SECTIONS ÉTRANGÈRES

LES JAVANAIS

Les Hollandais possèdent un des plus riches empires coloniaux du globe. L'île de Java, située dans l'archipel de la Sonde, en Malaisie, est la plus importante de leurs possessions. Elle a 131,000 kilomètres carrés et une population de 20 millions d'habitants. — Le climat est très chaud et très humide, la végétation est magnifique, mais les Européens ne peuvent supporter le séjour du pays, aussi n'en compte-t-on guère que 35,000. — Les Arabes sont au nombre de 100,000, les Chinois 200,000 et les indigènes javanais forment le reste. Ils sont sédentaires, cultivateurs, en général insouciants de l'avenir, résignés sur le présent, et fort adonnés aux pratiques religieuses. Après avoir été longtemps fidèles à la religion de Brahma et au boudhisme, ils ont presque tous adopté aujourd'hui l'islamisme. Ils se marient fort jeunes, répudient leur femme dès qu'elle commence à vieillir, c'est-à-dire entre trente et quarante ans, et les remplacent par une nouvelle épouse, qui n'a souvent pas plus de douze ans. Ils vivent groupés en familles dans des villages ou Kampongs qui occupent souvent de grandes superficies, puisque les cases sont dispersées et bâties suivant la fantaisie ou les convenances des propriétaires. Les maisons sont construites en bambous et en troncs d'arbres et recouvertes de bardeaux ou d'herbes desséchées.

Le gouvernement hollandais a voulu montrer ce qu'était un Kampong javanais et en a fait reproduire un, à l'Esplanade des Invalides, avec la plus grande fidélité. Ce qui manque pour compléter l'illusion, c'est cette forêt d'arbres fruitiers, de palmiers et de lianes qui abritent et cachent les cabanes. Le Kampong est habité. Des indigènes montrent là ce que sont leurs industries nationales. Les uns travaillent le bambou qui joue un rôle si considérable dans l'archipel des Indes, d'autres tressent des chapeaux avec de la paille de riz, des femmes font le bati, sorte d'étoffe du pays. Dans ces Kampongs se trouvent également réunis des musiciens et des danseuses.

Les danseuses sont au nombre de quatre et s'appellent Taminah, Sariem, Sœkia et Wakiem, la plus âgée a seize ans, la plus jeune en a douze. Leur danse ne ressemble en rien à celles d'Occident. Elle est lente et presque grave, ce sont des marches circulaires à petits pas, le haut du corps ne bouge pas, la figure est impassible mais les mains et les bras, ornés de bracelets, s'agitent dans un mouvement continu, plein de grâce. — Elles viennent de Djogjakarta, résidence d'un prince javanais, et où l'art de la danse est en honneur.

IMP. ALF. GODCHAUX, 10, RUE DE LA DOUANE. — PARIS.

L'EXPOSITION UNIVERSELLE DE 1889

Cabier d .... Appartenant à ....

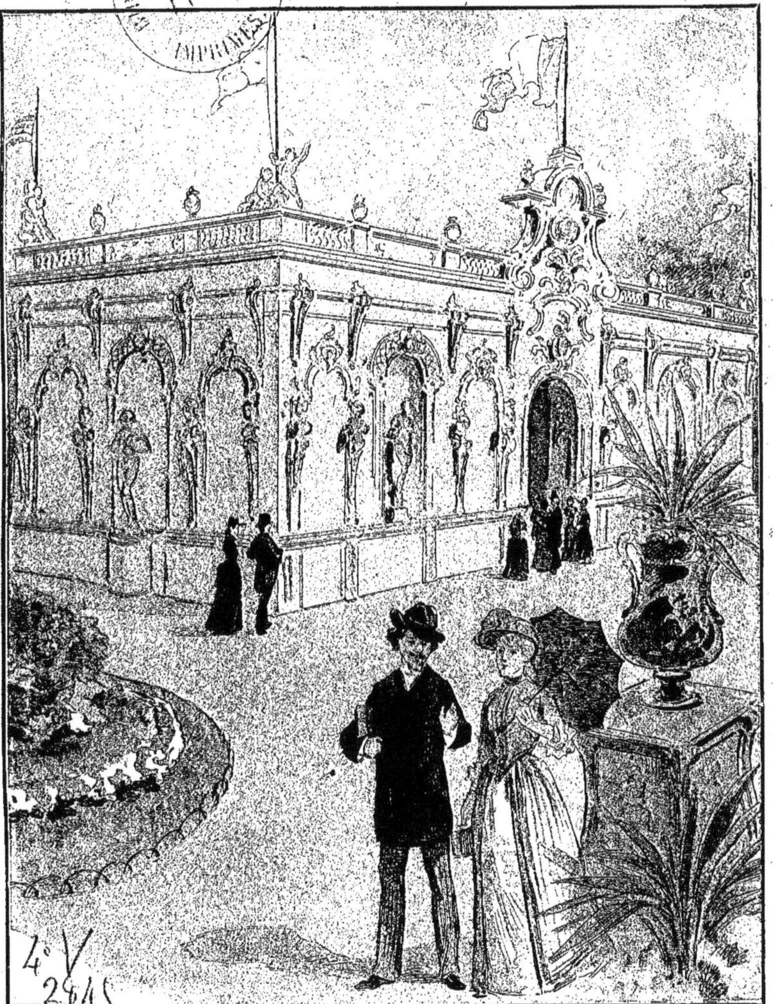

LES PASTELLISTES.

DÉPOSÉ.

LES BEAUX-ARTS

LES PASTELLISTES

La peinture au pastel date environ du XVIIe siècle. Le pastel est un crayon fait avec de la terre de pipe réduite en poudre très fine, que l'on mélange avec des substances colorantes, et que l'on met en pâte avec une eau de gomme. Ces crayons sont en général très tendres, très friables et s'écrasent facilement sur le papier, le carton ou la toile. D'ordinaire on étale la couleur du bout du doigt, puis on donne les valeurs en ombre ou en lumière par des coups de crayon appliqués avec vigueur et légèreté. La peinture au pastel a plus de coloris, d'éclat et de velouté que la peinture à l'huile, elle ne noircit pas ou ne jaunit pas comme elle, mais à la longue elle se ternit parce que la poussière colorante finit par se détacher, malgré la précaution que l'on prend de la recouvrir d'un verre. Au siècle dernier, on faisait surtout des portraits au pastel, aujourd'hui on traite indifféremment la figure, les fleurs, les fruits, le paysage et même les sujets de genre.

Le plus illustre peintre de pastel est Maurice Quentin de Latour, né à Saint-Quentin en 1704, mort en 1788. Il avait d'abord été étudier à Reims, et promettait d'égaler ses maîtres, Rigaud et Largillière, mais sa mauvaise santé le força de renoncer à la peinture à l'huile. Il fit alors des portraits au pastel et ne tarda pas à devenir un maître lui-même dans ce genre si fragile et si nouveau. Ses portraits d'une ressemblance extrême ont gardé encore aujourd'hui tout leur éclat. Les plus célèbres sont ceux de Louis XV, de Voltaire, de La Condamine, de Dalembert, du peintre Silvestre. Latour, qui avait acquis par son travail et son talent une belle fortune, fonda une école gratuite de dessin à Saint-Quentin. C'est d'ailleurs le musée de cette ville qui possède la partie la plus importante de son œuvre. On lui a érigé une statue en 1856.

Les pastellistes ont au Champ de Mars un pavillon très gracieux orné de terres cuites, qui ajoutent encore à l'élégance des façades. A l'intérieur est une seule pièce rectangulaire, où sont exposées les œuvres de nos maîtres actuels, des portraits de Machard, Adan, Hellen, Madeleine Lemaire, Thévenot, Blanche, Gervex, Dubufe fils, E. Lévy, Besnard, des sujets de Lhermitte, Moreau, J.-L. Brown, Maignan, Puvis de Chavannes, Cazin, E. Moreau, des fleurs de Duez, Yon, et des paysages de Montenard et de Nozal.

IMP. ALP. GODCHAUX, 10, RUE DE LA DOUANE. — PARIS

L'EXPOSITION UNIVERSELLE DE 1889

Cahier d _______________________ Appartenant à _______________________

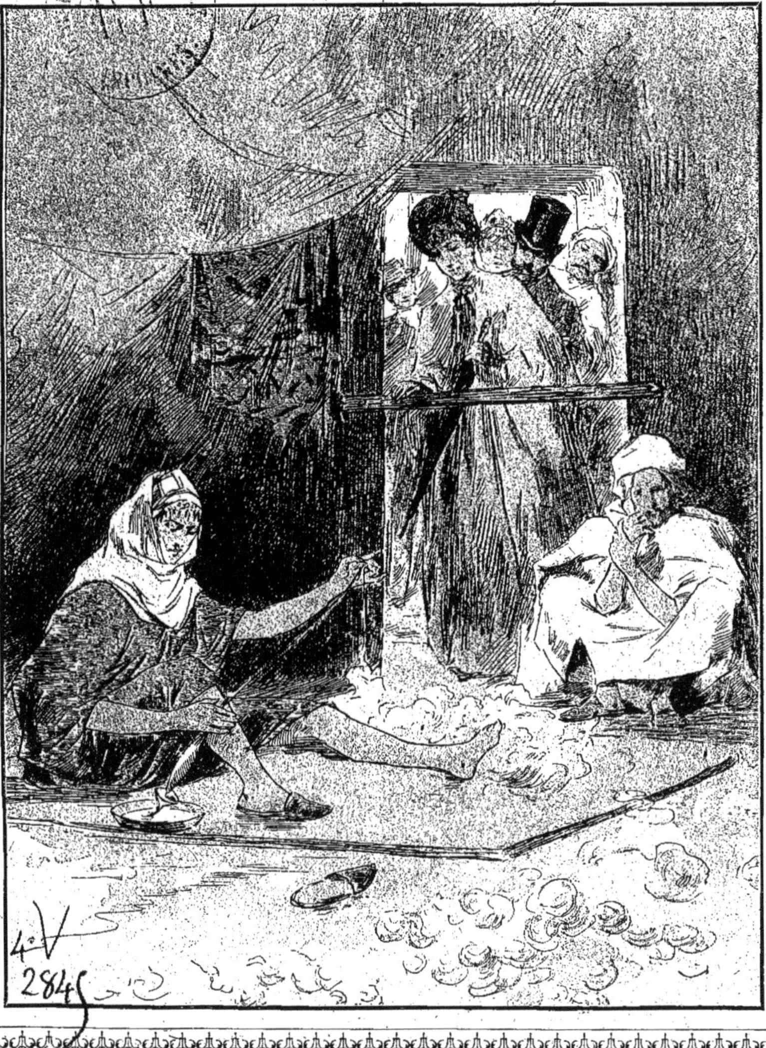

LES FILEUSES KABYLES

LES COLONIES FRANÇAISES

LES FILEUSES KABYLES

Un des coins les plus intéressants de l'Esplanade des Invalides est la partie réservée aux Colonies françaises. Nos Colonies se révèlent au public, non-seulement par leurs produits exposés dans des pavillons aux formes variées et aux couleurs éclatantes, mais aussi par leurs habitants mêmes établis dans des villages. — Ce n'est pas une mince surprise que de voir surgir tout d'un coup devant ses yeux, les murs d'un daba, c'est-à-dire d'un bourg fortifié du Sénégal, les cases d'un village Pahouin ou Congalais, les paillottes des Annamites, et les tentes des Arabes ou les gourbis des Kabyles.

Car il faut distinguer les Arabes et les Kabyles, et bien qu'ils habitent le même pays, parlent la même langue et aient la même religion, il y a entre eux autant de différence qu'entre les Français et les Russes par exemple. — D'abord ils ne sont pas de même race. L'Arabe est un étranger, un conquérant qui mène une existence oisive ou belliqueuse. — Il vit sous la tente et se déplace sans cesse, pour mener ses troupeaux dans des pâturages nouveaux. — Le Kabyle est originaire de l'Afrique même. — Ses ancêtres habitaient déjà les gorges de l'Atlas au temps de Carthage, de Rome et de Massinissa. — Il est sédentaire et travailleur. Il habite dans des maisons et cultive la terre.

On compte en Algérie environ 1,100,000 Arabes et 1,400,000 Berbères ou Kabyles. — On les trouve surtout dans les montagnes du Jurjura, qui séparent la grande et la petite Kabylie, dans la chaîne du Dahrah entre Tenez et le Chelif, dans le massif du Filhaoucen au nord de Tlemcen. Leurs villages sont en général assez misérables d'aspect et ne se composent que de cabanes sordides appelées gourbis. Le mariage chez eux est des plus simples. Le mari se rend devant le chef du village et paie à l'épouse qu'il veut prendre une somme qui varie de 75 à 600 francs. Quand il ne veut plus de sa femme, il la renvoie sans avoir à fournir de motif. — La femme peut également s'en aller, si sa condition lui paraît trop pénible. — Le mari peut alors à son gré ou bien réclamer la dot versée et rendre sa femme, ou bien la taxer à une certaine somme en général fort élevée, de sorte que la malheureuse ne trouve plus à se remarier. — Les enfants sont soumis à des traitements bien différents. Les garçons sont bien traités, mais les filles sont souvent abandonnées et réduites à se nourrir dehors comme elles peuvent. En résumé, la femme kabyle est plus durement traitée que la femme arabe, mais cet état de choses ne pourra que s'améliorer, les Kabyles étant moins réfractaires au progrès que les Arabes.

IMP. ALP. GODCHAUX, 10, RUE DE LA DOUANE. — PARIS

L'EXPOSITION UNIVERSELLE DE 1889

Cahier d .... Appartenant à ....

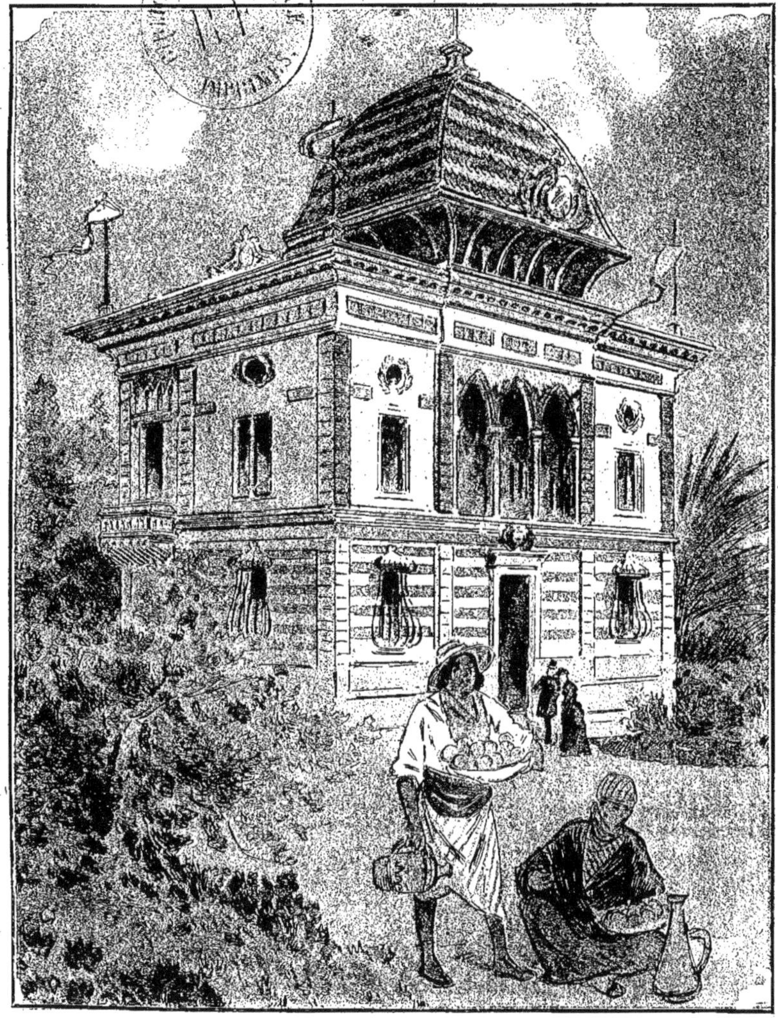

COLLECTION GODCHAUX.

SAN-SALVADOR

DÉPOSÉ.

LES SECTIONS ÉTRANGÈRES

SAN-SALVADOR

La République de San-Salvador est un des plus petits Etats de l'Amérique centrale. Elle mesure 18,720 kilomètres carrés ; c'est à peu près la superficie de trois départements français. Le pays est montagneux et assez peu peuplé, puisqu'il ne compte que 615,000 habitants. San-Salvador, la capitale, est située dans l'intérieur des terres, c'est une petite ville de 10,000 âmes. Le commerce s'élève à une quarantaine de millions, dont les trois quarts sont pour l'exportation et comprennent surtout le tabac, le café, l'indigo, l'argent.

San-Salvador est représenté à l'Exposition du Champ de Mars par un élégant pavillon, à un étage, dont les façades sont ornées de faïences vernissées du plus gracieux aspect. Au premier s'ouvre une vérandah, dans le genre mauresque, qui ajoute à l'effet décoratif. Le dôme est surmonté du pavillon de la République, formé de bandes horizontales, alternativement bleues et blanches, avec champ rouge semé d'étoiles près de la hampe.

San-Salvador expose une très grande variété de produits, qui appartiennent d'ailleurs à la faune et à la flore des pays tropicaux.

Au rez-de-chaussée sont des modèles de maisons, de fermes, des selles en cuir, des meubles, des instruments de musique, des vêtements d'Européens et d'indigènes, avec une collection de petites figurines habillées, représentant les divers types et costumes du pays. — Dans une vitrine, on a rassemblé des poteries, des bijoux, des armes, de fabrication grossière, mais anciennes, et qui montrent que les Peaux-Rouges avaient une civilisation déjà avancée, à l'époque où les Européens sont venus faire la conquête du pays. — Les murs sont ornés de peaux de sangliers, de chats-tigres et de chevreuils.

Au premier sont les tabacs et les minerais. Le tabac est en feuilles, ou coupé, en cigarettes et en cigares. Il est doré et parfumé. Les minerais forment une petite pyramide qui occupe le centre de la salle. A la base on remarque un bloc d'argent qui vaut 2,500 francs.

Dans un pavillon isolé et d'aspect moins décoratif, on a réuni les produits végétaux, le caoutchouc, le café, le cacao, les épices, le quinquina, la vanille, les échantillons de bois précieux et les plantes textiles, c'est-à-dire le maguey et le zacapapale qui servent à fabriquer des cordages. Il y a même des fromages, — mais ils sont secs et sans odeur et semblent pouvoir se conserver indéfiniment.

IMP. ALF. GODCHAUX, 10, RUE DE LA DOUANE. — PARIS.

L'EXPOSITION UNIVERSELLE DE 1889

Cahier d .... Appartenant à ....

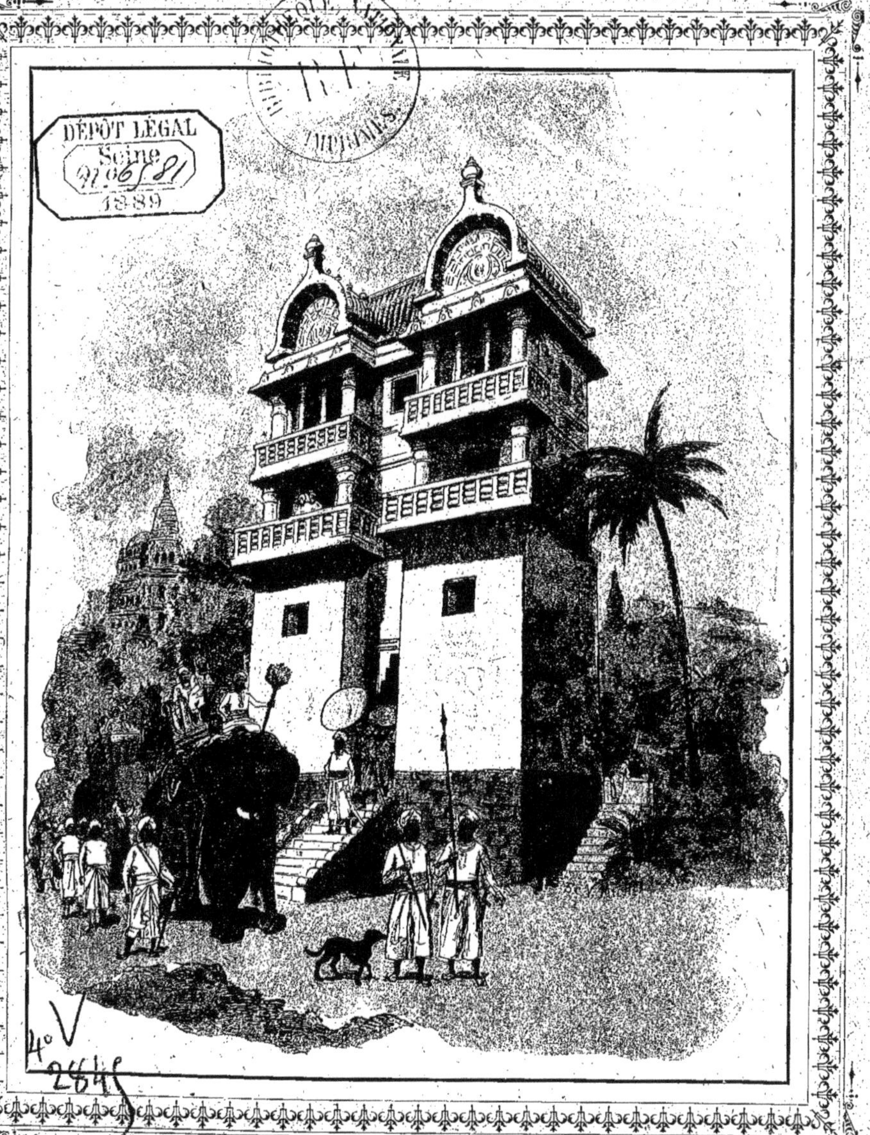

COLLECTION GODCHAUX.

LA MAISON HINDOUE

DÉPOSÉ.

HISTOIRE DE L'HABITATION

LA MAISON HINDOUE

L'histoire de l'habitation qui s'étend au pied de la tour Eiffel à l'ouest et à l'est a été divisée par M. Garnier, en six grandes sections. D'abord les temps préhistoriques, puis les civilisations primitives, les civilisations indo-européennes, le moyen-âge, l'Orient, et enfin le monde inconnu des anciens, c'est-à-dire la Chine, le Japon et l'Amérique.

La maison hindoue appartient à la troisième période, celle des civilisations indo-européennes qui se sont étendues depuis l'Hindoustan jusqu'en Gaule, en passant par la Perse, la Grèce et l'Italie.

Tandis que les Sémites et les Chamites fondaient autour de la Méditerranée des États puissants ou riches, tels que l'Egypte, la Phénicie, l'Assyrie, le royaume des Hébreux et des Etrusques, les Aryas qui forment la troisième famille de la race blanche, restaient sur les hauts plateaux de l'Asie, et commençaient leurs migrations vers les Indes, la Perse et l'Europe. Ils s'avancèrent ainsi d'une part jusqu'aux rivages de l'océan Indien, de l'autre jusqu'à ceux de l'océan Atlantique. Ces peuples de même origine, de même langue, de même religion, aboutirent à des civilisations bien différentes, et pour ne parler que de l'habitation, la maison hindoue, par exemple, n'a aucun rapport avec les maisons grecques et romaines, et se rapprocherait davantage des types assyriens ou égyptiens.

C'est le même aspect massif, déplaisant à l'œil ; la construction est toute en hauteur, et semble des plus mal commodes à habiter. Le modèle reproduit par M. Garnier serait antérieur à Jésus-Christ de quelques centaines d'années. Il a été reconstitué d'après des bas-reliefs et des indications précises fournies par des voyageurs aux Indes, M. Rousselet, M. Fergusson, M. Grandidier. Cependant il faut considérer que les Indes sont six fois grandes comme la France, que la population y est de deux cent cinquante millions d'habitants et que cette population se compose de races bien différentes depuis les Aryas, jusqu'aux Dravidiens et aux Mongols. Il faut admettre qu'il n'y a pas eu qu'un seul genre d'habitation, mais que les types ont dû varier suivant les pays, les peuples et les climats.

Ainsi la maison hindoue reproduit-elle un bas-relief trouvé sur un temple du Népal, c'est-à-dire dans l'Inde septentrionale. Elle est authentique sans doute, mais elle n'est pas unique. Quant au public parisien, peu soucieux d'archéologie, il l'a baptisée du nom de la *Lorgnette*, parce que de loin en effet elle présente l'image d'une lorgnette posée de bout.

IMP. ALP. GODCHAUX, 10, RUE DE LA DOUANE. — PARIS.

L'EXPOSITION UNIVERSELLE DE 1889

Cahier d .... *Appartenant à* ....

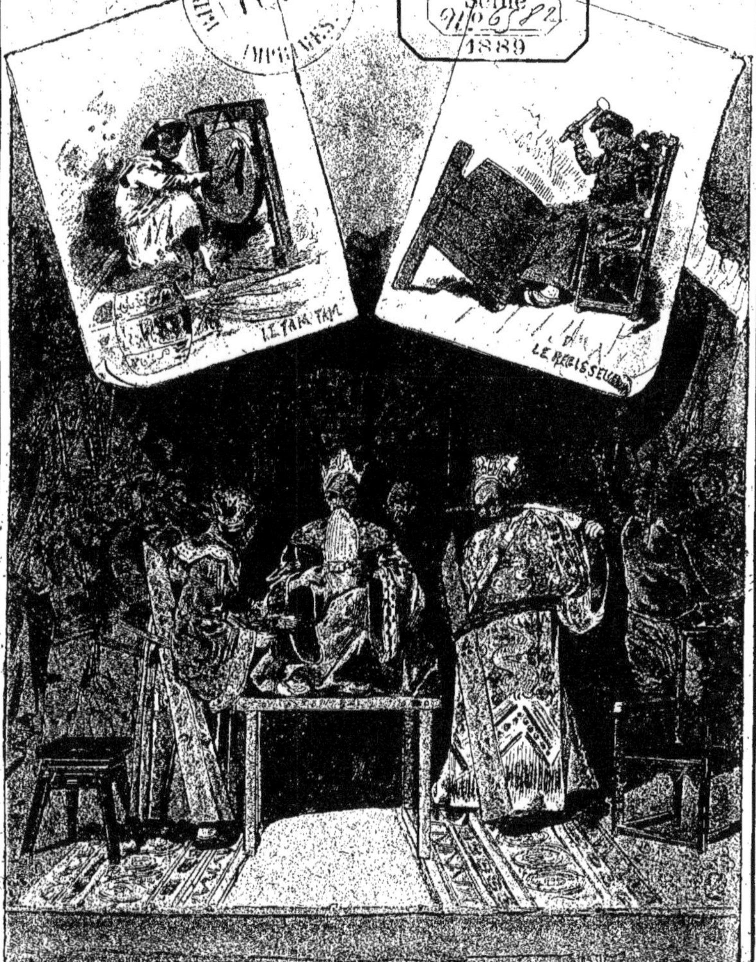

LE THÉATRE ANNAMITE

DÉPOSÉ.

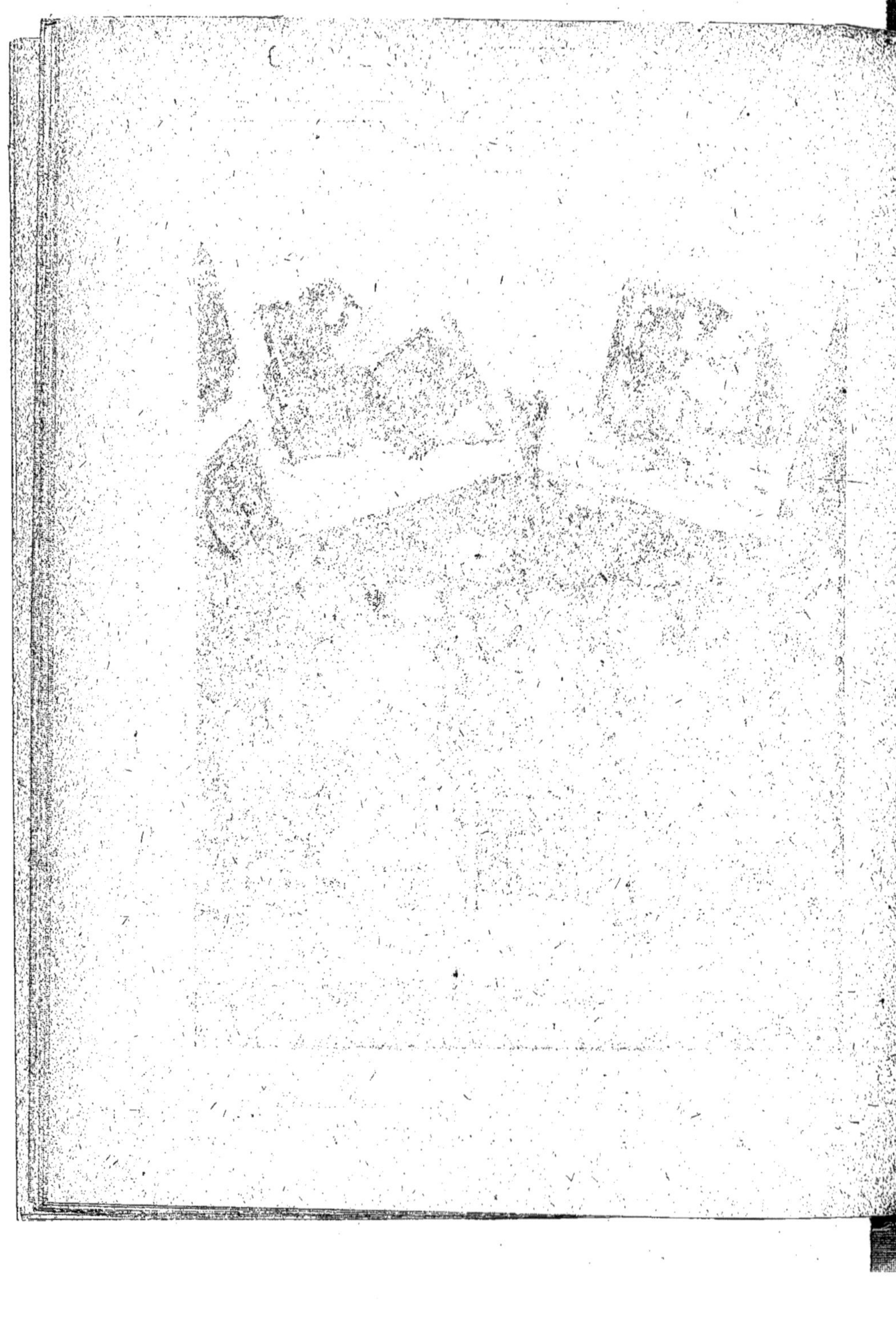

LES COLONIES FRANÇAISES

LE THÉATRE ANNAMITE

Nos colonies d'Extrême-Orient sont représentées à l'Esplanade des Invalides par un village cochinchinois, par un temple, la pagode d'Angkor, par deux grands pavillons, l'un pour l'Annam et le Tonkin, l'autre pour la Cochinchine, par un restaurant et enfin par un théâtre annamite.

Le public s'y porte en foule à ce théâtre, mais il ne comprend pas un mot aux scènes qui se déroulent devant lui, et il est juste de dire que le jeu des artistes n'est pas fait pour rendre la pièce intelligible. Au bruit d'une musique sauvage, avec accompagnement de tams-tams, de grosse caisse, et surtout de gongs qui rappellent le bruit du tonnerre, les acteurs se démènent, se tordent, crient ou poussent des hurlements formidables. Ils sont bizarrement accoutrés de robes de soie, brodées d'oiseaux fantastiques ou de fleurs extraordinaires, ils ont des casques dorés sur la tête, et des masques hideux à longue barbe blanche sur la figure. Parfois l'action s'interrompt pour laisser défiler un cortège de parasols et de drapeaux, ou bien les acteurs se précipitent avec furie les uns sur les autres, en agitant des lances ou de grands sabres recourbés. C'est la bataille qui termine généralement un acte ou une partie du drame. A ce moment, un personnage vêtu de noir s'avance au bord de la scène et annonce qu'il y a entr'acte. Le public s'écoule, mais les places sont aussitôt envahies par de nouveaux arrivants, et la pièce continue devant cet auditoire qui n'a pas vu le commencement, qui ne verra pas le dénouement, et qui ne comprendra rien au milieu.

Mais dans les galeries supérieures, les Tonkinois, les Annamites, les Cochinchinois, tous les Orientaux à chignon, à figure jaune et à dents noires, sont là qui suivent avec intérêt les péripéties du drame.

Il s'agit de Dich-Than, gouverneur royal, qui menacé par le rebelle La Hai, s'est enfermé dans une forteresse aux triples portes de bronze. Il envoie son fidèle serviteur Liv-Khan prévenir son épouse Thai-Bâ. Mais un dieu malfaisant fait boire le malheureux messager, et un traître lui vole ses lettres pendant son sommeil. Cependant, malgré tous ces obstacles, Thai-Bâ apprend le triste sort de son mari et se dispose à l'aller joindre. Mais au détour d'une rizière, elle rencontre le sorcier Bach-Xa auquel elle a inspiré une violente passion. Le sorcier veut l'emmener avec lui; elle feint de consentir, mais elle lui demande auparavant comme preuve d'amour de se changer en serpent et de se cacher dans une bouteille. La métamorphose accomplie, Thai-Bâ bouche la bouteille et reprend sa route vers son époux. Elle traverse les troupes ennemies, et au moment d'entrer dans la citadelle, le rebelle La Hai se dresse devant elle. Elle le tue d'un coup de sa ceinture enrichie de pierreries, et Dich-Than vient recevoir sa libératrice accompagnée d'un nombreux cortège qui fait retentir l'air de ses cris d'allégresse.

IMP. ALF. GODCHAUX, 10, RUE DE LA DOUANE. — PARIS.

L'EXPOSITION UNIVERSELLE DE 1889

Cahier d .... *Appartenant à* ....

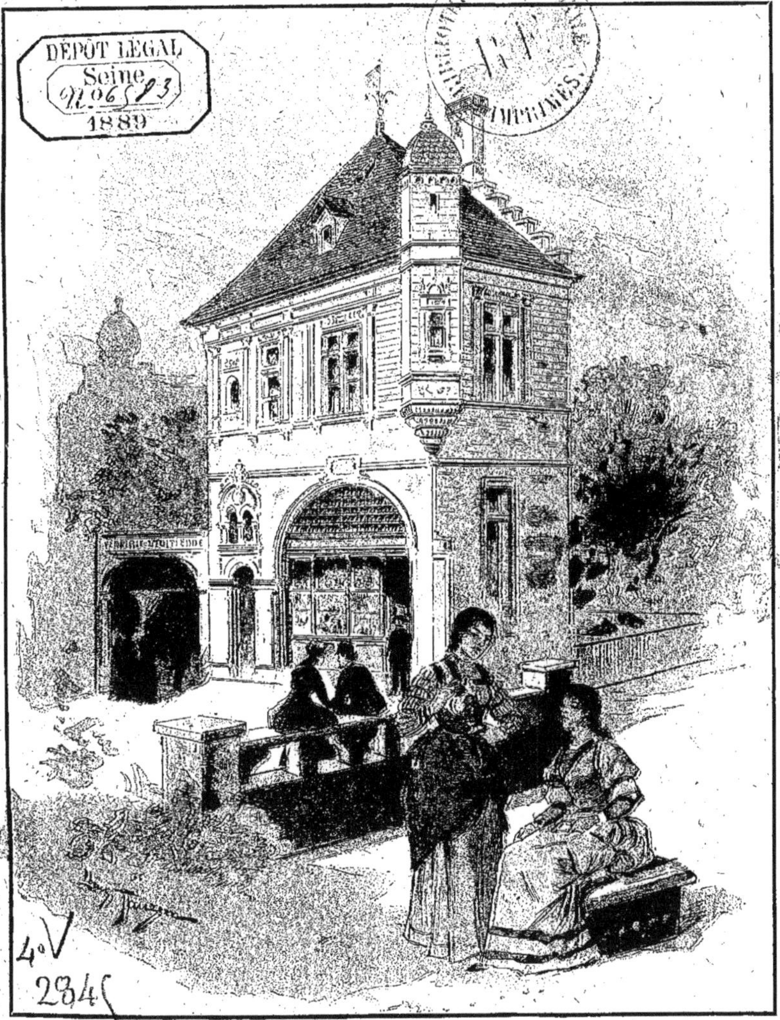

LA MAISON RENAISSANCE

HISTOIRE DE L'HABITATION

LA MAISON RENAISSANCE

La Renaissance est la période qui s'étend depuis le milieu du xv° siècle jusqu'à la fin du xvi° siècle. Dans les lettres, ce fut un retour aux littératures anciennes des Grecs et des Romains; dans l'architecture ce fut le mélange du style ogival ou chrétien avec le style classique. C'est ainsi que l'on combina le plein cintre et l'ogive. On entreprit alors un grand nombre de constructions, des châteaux et des maisons particulières surtout, qui ne se distinguèrent pas sans doute par une grande originalité, mais qui furent d'une suprême élégance.

On ne cherchait plus comme au moyen âge, la solidité dans la construction; les temps étaient moins troublés, la guerre et le pillage moins à craindre, il n'y avait plus besoin de transformer la demeure en forteresse. Aussi les ouvertures deviennent plus nombreuses et plus larges; les linteaux des fenêtres sont sculptés, les portes sont surmontées d'arcs en accolades; tout est motif à décoration. depuis les gouttières qui glissent le long des murs jusqu'aux cheminées qui se dressent au-dessus des toits.

Enfin, pour rompre la monotonie des façades, on emploie la brique alternativement avec la pierre; et l'on a recours aux tourelles, faisant corps avec la construction, mais le plus souvent en encorbellement, placées à l'angle de la maison. Les plus célèbres monuments de la Renaissance sont sur les bords de la Loire; ce sont les châteaux de Chambord, de Blois, de Chenonceaux et tant d'autres.

Un art nouveau s'introduisit alors en France, celui de la verrerie. Les anciens fabriquaient des verroteries et des vases à filets de couleurs diverses, dont on possède encore aujourd'hui de très beaux spécimens. Après la chute de l'Empire romain, les califes arabes protégèrent l'art de la verrerie, qu'on négligeait en Occident. Cependant les Vénitiens installèrent d'importantes fabriques dans l'île de Murano, au milieu des lagunes.

Murano brilla de son plus vif éclat au xv° siècle.

Au milieu du xvi° siècle, Henri II accorda à des ouvriers vénitiens le privilège de fondre le verre.

La maison Renaissance du Champ de Mars renferme une verrerie en plein exercice. Le public peut voir sous ses yeux le détail si curieux de cette fabrication. Toute la journée les ouvriers soufflent le verre, et lui donnent les formes les plus variées. Les pièces ainsi obtenues, vases, coupes, buires, etc., sont exposées dans le magasin du rez-de-chaussée, et vendues aux amateurs qui peuvent ainsi emporter un souvenir intéressant de cette partie de l'Exposition.

IMP. ALP. GODCHAUX, 10, RUE DE LA DOUANE. — PARIS.

Cahier d .... Appartenant à ....

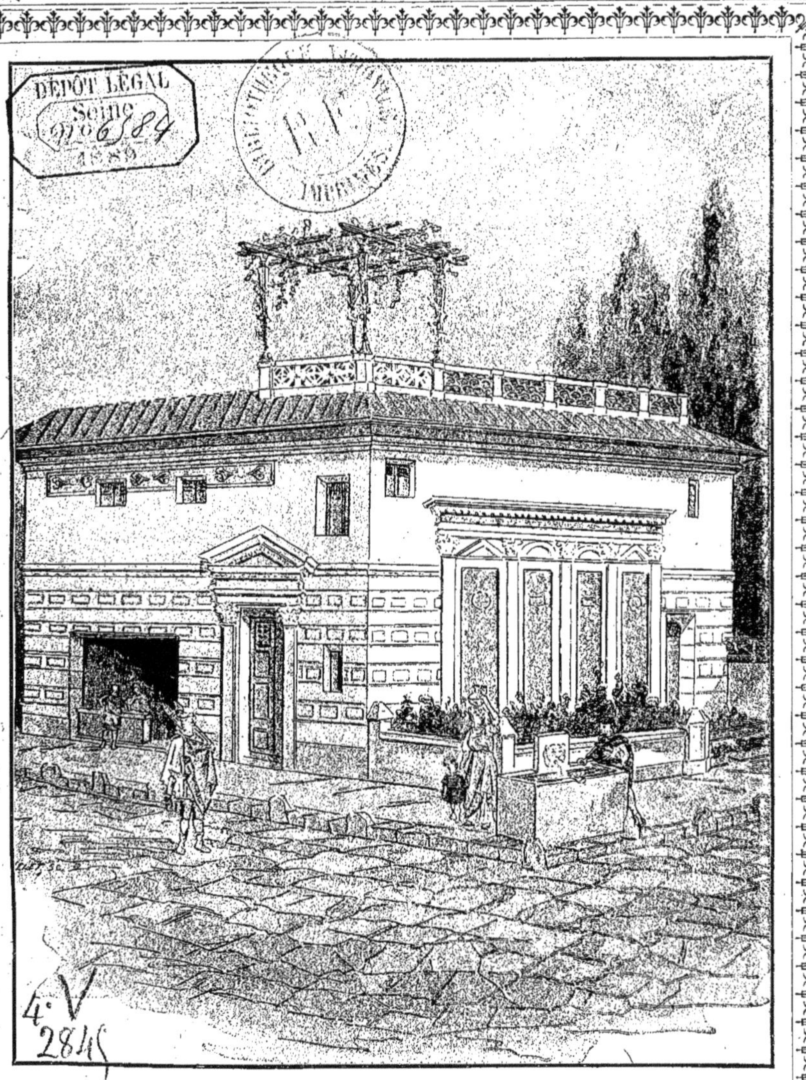

LA MAISON ROMAINE

DÉPOSÉ.

HISTOIRE DE L'HABITATION

LA MAISON ROMAINE

Les Romains ont emprunté aux Étrusques leurs premières notions d'architecture, puis, après les guerres de la Macédoine et de l'Orient, ils se mirent à imiter les Grecs. Ils apportèrent dans leurs monuments moins de goût et de simplicité, mais plus de solidité. Il employèrent peu le marbre et le granit, mais surtout la brique et les matériaux de petite dimension auxquels ils donnaient une cohésion extrême au moyen du mortier ou ciment. Enfin, ils se servirent de la voûte que les Grecs n'ont jamais connue.

Dans l'histoire de l'habitation, la maison romaine était une des plus faciles à reconstituer. Les modèles ne manquent pas, et les fouilles de Pompéi ont mis à jour une ville romaine tout entière.

Pompéi était une petite ville de bains, bâtie au pied du Vésuve, au bord de la baie de Naples. Là se rendait la belle société romaine, ainsi qu'à Baia, située plus au nord. En l'an 79 de notre ère, le Vésuve eut une éruption formidable et couvrit de ses laves et de ses cendres les petites villes du littoral, notamment Herculanum et Pompéi. Herculanum fut détruite. Pompéi fut surtout ensevelie sous la cendre. Une petite partie seulement a été déblayée, mais elle suffit pour montrer ce qu'était alors la vie romaine. Les habitants ont été surpris par la catastrophe, et les maisons avec leur ameublement, leurs ustensiles, leurs habitants mêmes, qui ont été surpris par la mort, surgissent peu à peu, débarrassées des cendres qui les recouvraient, et nous révèlent ainsi les détails d'une civilisation disparue depuis longtemps.

La maison du Champ de Mars n'est que la reproduction d'une maison de Pompéi. Les murs extérieurs sont couverts d'inscriptions, d'affiches de spectacles ou de location, de dessins charbonnés par les gamins de la ville. La façade est richement ornée, et percée d'une boutique où l'on vend de petites figurines, et des bijoux, genre antique. A l'intérieur, la cour est entourée d'un portique, les chambres sont peintes de couleurs éclatantes et pavées en mosaïque; dans l'atrium ou pièce d'entrée se trouve l'impluvium, sorte de bassin destiné à recevoir les eaux de pluie. Sous le toit sont les petites chambres destinées aux esclaves.

www.ingramcontent.com/pod-product-compliance
Ingram Content Group UK Ltd.
Pitfield, Milton Keynes, MK11 3LW, UK
UKHW022118070726
13613UKWH00003B/1144